文春新書
107

サウジアラビア現代史

岡倉徹志

文藝春秋

サウジアラビア現代史

岡倉徹志

文春新書

107

サウジアラビア現代史　目次

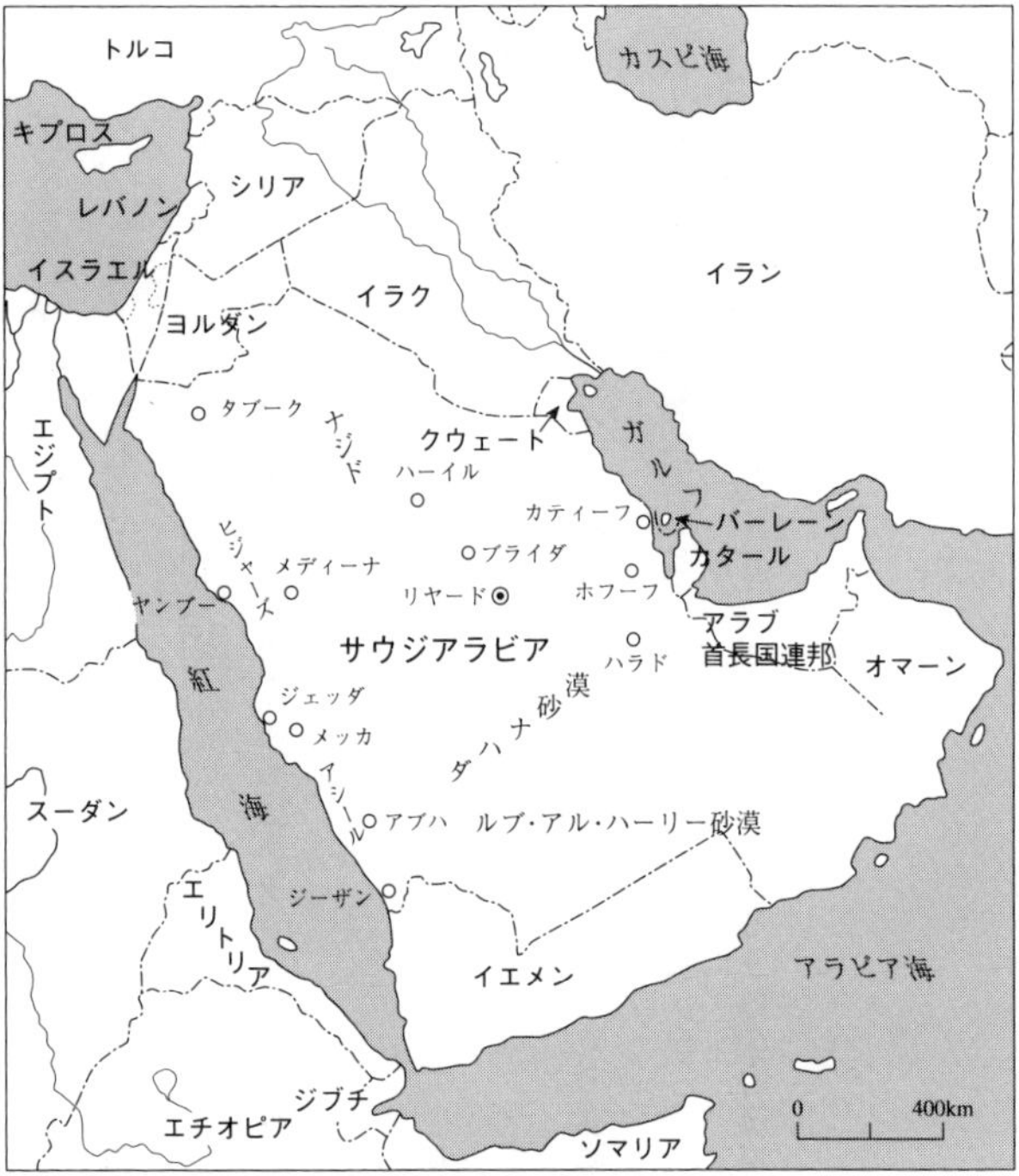
トルコ
カスピ海
キプロス
シリア
レバノン
イスラエル
イラン
イラク
ヨルダン
タブーク
ナジド
エジプト
クウェート
ガルフ
ハーイル
カティーフ
バーレーン
ヒジャーズ
ブライダ
カタール
メディーナ
ヤンブー
リヤード
ホフーフ
アラブ
首長国連邦
サウジアラビア
ハラド
オマーン
紅海
ジェッダ
メッカ
ダハナ砂漠
アシール
スーダン
アブハ
ルブ・アル・ハーリー砂漠
ジーザン
エリトリア
イエメン
アラビア海
ジブチ
エチオピア
ソマリア
0
400km

アラビア半島周辺図

プロローグ

「戦争と石油文明の世紀」とさえ言われた二十世紀の扉を閉ざしたばかりの私たちは、いま期待とともに不安を合わせ持ちながら、新世紀への門前に立っている。これから百年経った後、人々はこの新世紀を何と形容することになるのであろうか。

二十世紀末、日本などの先進諸国民はむろんのこと、発展途上国を含めた全世界の人々でサウジアラビアという国の名前を知らなかった人はまずいなかったのではなかろうか。世界最大の石油埋蔵量を保有し、また世界最大の石油輸出国として、ひとたびは全世界に君臨するかのごとき国だったからである。さらに全世界人口（一九九九年十月、六十億人を超えた）のうち、総数十一億人にまで信徒の数を増大させたイスラームの第一、第二の聖地メッカとメディーナを擁する国として、少なくとも全世界の人々の五・四人に一人の信徒にとっては、自らの信仰する教えとサウジアラビアとは切っても切れない関係として認識されてきたはずである。

章を追う過程で順次紹介して行く積りであるが、サウジアラビアという国は特異な国としか言いようがない。何よりも、国連加盟の国々の中で、その国名に、ある一族がある地域を所有することを明言した表現を採用している国は他にない。すなわち、アル・サウード家のアラビア、つまりサウード家という一族がアラビアを占有するという意味がサウジアラビアなのである。国旗がまた独特だ。地には緑一色を配し「アッラーのほかに神はなし。ムハンマドはその使徒なり」と白い字で記したアラビア語と聖地を守るアラビアの長剣をあしらっている。

この国はアラビア半島の各地を次々に征服し領有していったサウード家の当主アブドゥルアジーズ・イブン・アブドゥルラハマーン・アル・ファイサル・アル・サウード（以下アブドゥルアジーズと略す）によって一九三二年に建国されて以来、既に半世紀以上も、サウード家という王家一族による支配が続いている。大半の国々では成文憲法がない方が不思議であるが、この王国では憲法は存在しない。一九六二年、ファイサル皇太子が首相の任にあった際にその制定に言及しながらも先延ばしされた。一九九二年、国家基本法の制定がようやく発表されたが、その一般原則の中に「コーラン（神の書）と預言者のスンナ（慣行）は憲法である」と明記している通り、何よりもまずイスラームの聖典を、これに次いでアッラーの啓示の言葉を人人に伝え、イスラームを広める役割を演じた預言者ムハンマドのスンナを何にも勝る憲法としているのだ。さらに基本法は第二章「君主制」において「サウジアラビア王国における政府システムは王制である」ことを明示している。

さて、サウジアラビアという王国が誕生したアラビア半島は、そもそも民族としてのアラブ揺籃の地である。また西暦七世紀にはイスラームが生まれたところでもある。従ってサウジアラビア人はすべてアラブであり、ムスリム（神に絶対的に服従するもの。すなわちイスラーム教徒）なのである。二十世紀に入るまで、アラビア半島の住民は砂漠のベドウィーン（遊牧民）が大多数で、その他にオアシスの小さな町や村の人々で構成されていた。ベドウィーンも村落民も共に家族を核にした部族社会のもとで生活していた。そこでは血筋・家系がもっとも重要であり、血の繋がりあった拡大家族は最も大切にされる。国家としてのサウジアラビアは既に半世紀以上も存続してきたが、現在においても王国の人に「国家と家族とどちらが大切か」と質問すれば、必ず家族という答えが返ってくるだろう。

サウジアラビア国旗

こうした諸点から、サウジアラビアという国が世界でも類例のない独特の国であることをまず念頭に置いていただいた上で、その特異さを象徴的に浮き彫りにするような人物を紹介し、本書のライトモチーフとしようと思う。

その人の名はウサマ・ビン・ラディン——。

テレビや新聞で世界ニュースを熱心にフォローしてきた読者ならば、きっと覚えているはずだ。

一九九八年八月、ケニアの首都ナイロビとタンザニアの首都ダルエスサラームにあるアメリカ大使館を同時爆破し、合計二百二十四人を殺し、五千人以上もの人々を負傷させた事件を陰で指揮した人物としてアメリカ国務省から「重要犯罪人」として指名手配された国際的テロリストである。同省はこの人物の逮捕に結びつく情報には懸賞金として五百万ドルを提供するとしている。また、アメリカ連邦捜査局（FBI）は一九九九年六月初め、「極悪お尋ね者十人」のリストにウサマを載せた。

ケニアとタンザニアでの事件後、アメリカはウサマが身を寄せていた「イスラーム神学生による改革運動」（タリバン）政権下のアフガニスタン・ゲリラ訓練基地、それにウサマが事業的に関与していたと見なしたスーダンの首都ハルツーム近郊の化学工場に対し巡航ミサイルによる報復攻撃を行った。

ウサマの生年月日、出生地については諸説があり、必ずしも正確ではないが、一九五七年、サウジアラビアの首都リヤードで生まれたことになっている。従って爆破事件当時は四十一歳ぐらいであった。インターネットを通じて流されたカラー写真で見ると、顎鬚《あごひげ》と口髭を存分に伸ばし、顔は鼻筋が通り細面で、目はやや落ちくぼんでいる。典型的なイスラーム教徒の容貌ではあるが、国際手配された冷血のテロリストとはとても思えない。

ウサマは敬虔なムスリムだった父親ムハンマドとパレスチナ人の母親との間に生まれた。父親には十人以上の妻があったとされ、ウサマは二十数人いた息子の中の一人であった。イエメンのハドラマウト出身の父、ムハンマドは後にサウジアラビア初代国王となったアブドゥルアジーズに早くから取り入り、日干し煉瓦職人としての腕を生かし、モスク（イスラーム教徒の礼拝所）の修復・建設や政府関連施設の工事を手がけ、成功を収めた。ウサマが少年時代を迎える頃には、父親の事業はサウジアラビアでも名の通った大手建設会社ビン・ラディン・グループに成長していた。ちなみに、アブドゥルアジーズがまだ経済的に余裕がなかった時代、彼を助けることで大きな影響力を持ち権力さえ握った商人一族がいたが、その大部分はイエメン・ハドラマウト出身者かイランあるいはバーレーンの出身であった。ビン・マハフーズはハドラマウトだし、アリー・レザーはイラン出身である。

ウサマは紅海岸の商業都市ジェッダで育ち、同地の高校を卒業した後、名門「アブドゥルアジーズ国王大学」に入学、経営・経済を学んだ。ウサマの学生時代はちょうど一九七三年十月の第四次中東戦争と第一次石油危機（サウジアラビアなどアラブ産油国がイスラエルを支持したアメリカとオランダに禁輸措置をとり、原油価格が一九七二年のバレル当たり三ドルからほぼ十七ドルへと五倍以上に高騰した）直後に当たっていた。生産量も増大させたサウジアラビアにはペトロダラーが湯水のように流入し

ウサマ・ビン・ラディン

た。

一九七三年の石油収入は四十三億四千万ドルと過去最高を記録し、翌七四年には二百二十五億七千万ドルへと急増した。七九年には四百八十四億四千万ドルに達し、同年二月のイラン・イスラーム革命の結果、第二次石油危機が訪れ、原油のスポット価格はバレル四十ドル以上に跳ね上がった。サウジアラビアの石油収入は八〇年には八百四十四億七千万ドルとなり、八一年には千十八億一千万ドルとピークに達した。

サウジアラビア支配の頂点に立つサウード家はタナボタ式に流入した金の使い道に苦慮した末、七五年から実施予定だった第二次五ヵ年計画（一九七五—八〇年）の規模を拡大し、インフラ・プロジェクトを中心にした大々的な開発計画を推進した。道路、病院、学校、港、空港が相次いで建設され、ガルフ（ペルシャ湾）に面したジュバイルと紅海岸のヤンブーではそれぞれ大工業都市の建設が開始された。国防、治安関係費にも数十億ドルが支出された。

このようにタナボタ式に流入した金は全く「労せずして得た所得」であり、ある学者はサウジアラビアのような国家を「レンティア（地代収入）国家（The Rentier State）」と名付けている。「レンティア国家」においては、国家は（税金の免除など）国民の福祉向上に金を注入するが、その代わりに国民には政治参加を認めず、国政に対して発言させない。「ノー・タックス、ノー・レプレゼンテイション（No Tax, No Representation）」という統治形態である。

当時の第三代国王ファイサルは国民のための「福祉国家」作りに力を注ぎ、教育や健康ケアを無料とした。政府はパン、コメ、砂糖、肉、食用油など国民の生活必需品に補助金を出した。水、電気、ガソリンなどの公共料金にも政府補助金を付けた。例えば最新の脱塩水化装置で海水から作った水は政府コストで一立方メートル当たり一ドル二十セントかかったが、わずか八セントで供給された。このようにタナボタ式に流入した資金を使って「福祉国家」を目指したまではよかったが、予期せざる結果が生まれた。以前は高価であった必需品が政府補助のおかげで低価格で得られるため、浪費傾向を一挙に強めてしまったのだ。サウジアラビアの都市住民は一日に五百リットル以上の水を使ったが、これは貧しいアラブの国の平均水準に比べると、十倍から二十倍の量であった。

開発計画の結果、不動産も騰貴する一方だった。土地を所有する王族がその土地を譲渡し、その後政府関係のビル建設やハイウェー建設のため政府へ再購入させてボロ儲けする事例が跡を絶たなかった。"The Kingdom"(王国)の著者、ロバート・レーシーの研究によると、ある例では土地価格が週ごとに倍にもなったといわれる。不動産ブームは数十人の億万長者を作り出した。レーシーによれば、リヤード駐在だったアメリカ公使は「リヤードの空はハゲタカで真っ黒になっている。ハゲタカは翼の下に新しい一攫千金の計画を抱えている」と語ったほどだった。建設計画に巨額の資金が投入された結果、建設業は急激に成長し、当時、非石油部門・国内総生産（GDP）の三〇パーセント以上を占めるようになった。

ウサマの一族、ビン・ラディン・グループもこのブームで億万長者となっていた。ウサマ二十二歳、大学を卒業する予定の七九年はサウジアラビアにとっても、ウサマにとっても衝撃的な事件が相次いだ。二月にガルフを隔てた対岸の国イランでホメイニ師率いるイスラーム革命が成功、十一月には聖地メッカで「ネオ・イフワーン」と呼ばれたサウジアラビアのイスラーム原理主義者が大モスクを二週間にわたって占拠する事件を起こした。次いで十二月、イスラームの国アフガニスタンに共産主義・無神論のソ連赤軍の部隊が侵攻した。

サウジアラビア国内でムスリムとしての実践すべき道などについて、敬虔な信徒たちに教えていたパレスチナ生まれの「ムスリム同胞団」メンバー、アブドゥラー・アッザームの影響を受けたウサマは、サウジアラビアやエジプトなどアラブ諸国のイスラーム教徒とともに、異教徒からイスラームの国アフガニスタンを防衛するためのムジャーヒディーン（聖なるイスラーム戦士）として前線に向かった。

ウサマは八九年、ソ連軍がアフガニスタンを撤退するまで同地に留まったが、その間にさまざまな重要な役割を演じた。対ソ連戦争中、ウサマ一族やガルフの金持ちがアラブ諸国からの志願兵を輸送し、軍事訓練を施すための資金を提供していたといわれ、ウサマは八八年に資金の受け入れ機関として「イスラーム救国基金」（アル・カーイダ）を設立した。こうした資金を使ってアメリカ製のスティンガー・ミサイルなどの武器を購入し、アフガニスタンに隣接するパキスタン国内の基地で、アメリカ軍人とパキスタン軍人から軍事訓練を受けた。

当時、ウサマは「われわれの目的はイスラーム革命であり、同盟者が誰であれ、問題ではない」と語っていた。師と仰いだアブドゥラーはアメリカ中央情報局（CIA）とかなり密接な関係を持っていたが、ウサマ自身も対ソ連戦争において、CIAの「信頼のおけるパートナー」の一人だったとされる。その後、師と弟子は路線をめぐる対立を引き起こし、師であった「ムスリム同胞団」のアブドゥラーは何者かによって暗殺されたが、犯人は不明のままであった。

八九年、ソ連軍をアフガニスタンから撤退に追い込み「勝利」したウサマは故国に「英雄」として帰還し、家業に復帰する一方、イスラーム原理主義者と接触を続けた。

やがてサウジアラビア政府がウサマを「危険人物」と見なし始めた結果、かねてから仕事先でもあったスーダンへ向かい、イスラーム原理主義者ハサン・トラービーの影響を強く受けた政権の庇護下で、道路や空港の建設に当たり、また貿易会社を経営する一方、スーダン国内に広大な農地を所有した。ウサマが動かすことのできた資金総額は三億ドルに上っていたといわれる。

九〇年八月、イラクのクウェート侵攻で始まった湾岸危機の際、サウジアラビアが直ちに国家防衛のためにアメリカ軍を招き、駐留させる決定を行ったことに対しウサマは怒りを強めた。異教徒であるアメリカ人をイスラームの二大聖地のあるサウジアラビアに駐留させることは敬虔なイスラーム教徒として絶対に許せなかったばかりでなく、アメリカはイスラームの第三の聖地エルサレムを含むパレスチナを占領し続けているイスラエルを支援してきたからだ。

ウサマはその莫大な資金を利用し、世界各地でイスラームの敵を標的にしたテロ活動を背後で指揮したと伝えられた。九三年二月、ニューヨークの世界貿易センタービルが爆破されたが、その主犯格の人物はウサマの氏名と住所を記したメモを所持していた。このような点から、九四年二月、ウサマ一族はウサマを「許すべからざる人物」として、一族からの追放を決定したのに続いて、同年四月にはサウジアラビア内務省がウサマのサウジアラビア国籍を剝奪した。世界貿易センタービル爆破事件後、九五年六月、エジプトのムバーラク大統領暗殺未遂事件が起きた。同年初夏、「イスラーム変革運動」という組織がサウジアラビア国内のあちこちにファクスを流し、同年六月末までに、王国内に駐留するアメリカ、イギリス軍が引き揚げない場合、アメリカ軍人を攻撃すると警告した。

この後、同年十一月、首都リヤードで国家警備隊の訓練センターが爆破され、アメリカ人情報機関員四人を含む六人が死亡した。サウジアラビア政府は九六年四月、爆破事件の実行犯として、原理主義者のムスリハ・シャムハリらサウジアラビア人四人を逮捕、同年五月末にはリヤードのディラ・モスク前の広場で四人を斬首刑に処した。四人の自白によると、いずれもアフガニスタン帰還兵（アフガーニーと呼ばれた）で、ウサマから大きな影響を受けたという。

またムスリハ処刑後、その家族の話によると、ムスリハは十七歳でアフガニスタンのムジャーヒディーンを支援するため志願して参戦した。「イスラームの大義のため無神論者と戦うことは公正なことだ」とサウジアラビア政府から激励され、また当時は冷戦下で、アメリカも彼らの参戦を奨励していた。ムスリハと同じように志願して現地へ向かった王国の青年は約二万人いたといわれる。しかし、「大義のため戦って」帰国してみると、王国の財政事情の悪化で就職口も見つからず、父親によると、ムスリハはアメリカと密接に結びついたサウード家及びウラマー（イスラーム法学者）など宗教指導者たちを「背教者」とののしっていたという。

九〇年代初めには、セルビア人と戦うムスリムを支援するためボスニアにも出かけ、四ヵ月間滞在した。その後、ムスリハはアフガニスタン帰還兵とともにウサマなどから密かに送られてくる文書を回し読みしたり、王族並びにガルフ周辺の王制・首長制政権はすべてイスラームの道を踏み外していると断じていた。

九六年六月、サウジアラビア東部ダハラーンのアメリカ空軍施設で爆破事件が起き、アメリカ人十九人が死亡し、約四百人が負傷した。アメリカ人を殺傷の対象にした王国内でのテロ事件としては最悪となった。ムスリハらが処刑されたことに対する報復テロと見なされ、当局は同年十月、サウジアラビア人ら六人を逮捕した。アメリカ政府はこれら一連の事件を背後で指揮したのはウサマであると見なしたが、確固とした証拠は何も挙がらなかった。

一族から厄介者として追われ、またサウジアラビア人であることを否認されたウサマは居直る格好でイギリスのロンドンに本拠地を置き、サウジアラビア政府の腐敗・堕落に焦点を据えたキャンペーンを展開する「忠言と改革委員会」という組織を設立した。

同委員会の所長にはハーリド・ビン・アブドゥルラハマーン・ファウワーズという人物が就任した。九六年五月、ウサマは当時アフガニスタン全土で急速に勢力を拡大していた「タリバン」の庇護を受けるためアフガニスタンへ移った。その後、「タリバン」の最高指導者ムハマド・オマルや暫定統治評議会議長のムハマド・ラバニら幹部の庇護を受け、アフガニスタンに滞在した。アフリカの二国でのアメリカ大使館同時爆破事件後、アメリカはアフガニスタンに対して報復攻撃を行ったが、「タリバン」はいかなる攻撃を受けようとも「賓客」であるウサマをアメリカに引き渡すようなことはしないと公言した。二〇〇〇年一月二十四日、「タリバン」の外相、ワキール・アハマド・ムタワキールは記者会見で、「(アメリカからいかなる圧力が加えられようとも)ウサマを追放しない」と改めて発言した。

アフガニスタン滞在中の九六年八月二十三日、ウサマは「聖地を占領するアメリカ人に対する宣戦布告」を発表し、その中で、パレスチナ、レバノン、イラクなどイスラーム世界各地でイスラーム教徒の血が流されているが、この流血は「ユダヤ・十字軍連合の仕業」であるとして、イスラエルとアメリカを激しく非難した。また布告ではサウジアラビア政府がアメリカの傀儡として聖地に異教徒アメリカ人を招き入れたことを断じて許さないと攻撃した。九八年二月、ウサマは「ユダヤ人と十字軍との戦闘のための世界イスラーム戦線」を結成したが、この時、「イスラーム教徒はアメリカ人なら軍人であれ、民間人であれ無差別的に殺害の対象にすべし」とのファトワー(権威あるイスラーム法学者の意見)が出された。その後、ウサマは九九年六月十日夜、カタールを拠点としたアル・ジャジーラ衛星放送テレビ番組に出演、九十分間にわたって第一の敵アメリカに対するジハード(聖戦)に立ち上がるよう呼びかけを行った。アラビア語でのインタビューが放映されたのはこれが初めてで、中東、北アフリカ地域で数百万人の人々が視聴したと見られた。この中でウサマは「われわれは敵であるアメリカ人からわれわれの土地を解放する事を要求している。侵略者を罰するのはイスラーム教徒の義務である」と述べ、「アメリカ人なら誰でもわれわれの敵である」と、軍人と民間人を区別しない立場を再び強調した。

イラン・イスラーム革命を成功させた最高指導者ホメイニは革命後、アメリカを「大サタン(悪魔)」と称しイスラームの第一の敵として憎悪・敵対の対象とした。また無神論の共産主義・ソ連を「小サタン」として大サタンに次ぐ敵とした。同じ意味でウサマもアメリカを第一の敵として照準を合わせたわけだが、かつて「小サタン」だったソ連の後継国となったロシアをも攻撃すべき対象として狙いを定めた。九九年九月八日、インターファクス通信は、ロシアの内相がロシア連邦内のダゲスタンとチェチェン両共和国で反ロシアのイスラーム過激勢力がウサマから「数百万ドル」の資金や武器の提供を受け、騒乱を拡大しているとし、FBIに支援を求めたと報じた。チェチェンのイスラーム武装勢力は結局、二〇〇〇年三月までにロシア軍によってほとんど排除されたが、一時はアメリカ議会の反テロ専門家ヨセフ・ボダンスキが述べたように、チェチェンなどに集結した一万人以上もの武装勢力は「コーカサス全域を燃え上がらせようと考えて」いたという。

かつてアメリカはイスラーム革命前のイランの独裁者パーレビ国王に強く肩入れし、国王支配下のイランとサウード家支配下のサウジアラビア両国を中東における信頼できる二本柱に据えたが、パーレビ体制はイスラームの前にあっけなく崩壊してしまった。アメリカとイスラーム政権の相互憎悪はイランのホメイニに従う過激な学生によるアメリカ大使館占拠・人質事件に発展した。

その後、アメリカ側はイラン憎さのあまり、イランに対して戦争を開始したイラクのサッダーム・フセイン政権を支援し、秘密ルートを通じて武器・弾薬を大量に供給した。湾岸危機・

戦争を前にしたイラン・イラク戦争（一九八〇―八八年）の時期にフセイン政権の軍隊をフランケンシュタインのようにしてしまったのは、アメリカであったし、イラン革命の波及を恐れイラクに大枚の「保険金」を支払ったサウジアラビアなどガルフ産油諸国であった。アメリカは憎い最大の敵、イラン・イスラーム政権を打倒してくれることをイラクに期待したが、東西冷戦終結後、アメリカ一極支配が確立した世界構造の中で、この鬼子、フランケンシュタインのイラクに臍《ほぞ》を噛むことになったのである。

同じようなことがウサマについても言えるのではなかろうか。冷戦時代、アメリカにとって最大の敵だったソ連によるアフガニスタン侵略・占領を覆すため、アメリカは同じように無神論の敵からイスラームの同胞を救出する大義名分を掲げたサウジアラビアなどと協力して反ソ連・共産主義との聖戦に馳せ参じたイスラーム教徒を利用し、武器・弾薬、資金援助を惜しみなく提供した。こうしてムジャーヒディーンとなって赤軍との戦争に参加したのがウサマをはじめとする敬虔なイスラーム教徒たちであった。ソ連軍を敗北させ撤退させるという戦略的関係ではウサマもアメリカも一致していたし、その目的のためムジャーヒディーンはアメリカ製兵器の操作などについて異教徒のアメリカ人兵士から直接学び、アメリカ式戦闘のノウハウも伝授された。

だが、十年間の戦闘を経てソ連軍を撤退させた後、残ったのは勝利感ではなく、結局は自分たちがアメリカによって利用されたという苦い思いだった。ソ連は間もなくアメリカと冷戦終結を宣言し、さらに共産党の一党独裁に終止符を打った後、ソ連という巨大な連邦国家の崩壊を迎えた。アメリカの一極支配の時代に突入したのである。こうしてアメリカはイスラームの聖地を占領したままのイスラエルをあらゆる点で支援し、有無を言わせぬ強大な力を背景にイスラーム同胞の多いアラブの国々やパレスチナの人々にイスラエルとの交渉に入るよう工作を始めた。このため、ウサマは聖戦の矛先をアメリカに向けることにしたのである。ウサマもアメリカが作り出した鬼子となったのだ。

アメリカによって祖国の石油産業が発展し、その結果タナボタ式に流入する石油収入のおかげでサウジアラビアは新興の大金持ちの国となった。ウサマのビン・ラディン一族が巨大財閥にのし上がれたのも、このタナボタ収入があったればこそであった。しかし、ウサマは石油の国の人であるとともに、何よりもメッカ、メディーナを擁する由緒あるイスラームの国に生まれ育った人物であった。神はイスラームの流布・普及を命じたが、厳しい自然に覆われた砂漠の地中に膨大な量の石油を埋蔵させてもいた。イスラームと石油、この全く関連性のない二つの価値体系がサウジアラビアを特異な国家に仕立て上げているし、二つの価値体系の相克と矛盾が今日までさまざまな問題を作り出している。この相克を比喩的に「メッカとメカナイゼーション」(「聖地メッカと機械化」)と表現する学者もいるが、言い得て妙である。

第1章　アラビアとイスラーム

数百万年もの大昔、現在のアラビア半島は浅い海で覆われていた。沢山の軟体動物や、その他の生物の死骸が海の底へ沈んでいった。やがて海の水が引き、海床はその後、堆積岩層の下に高温で圧縮された。こうして二十世紀に発見されることになる石油と天然ガスが形成されることになったのだ。

一方、一万八千年以前のころ、アラビア半島は十分な降雨に恵まれ、植物が群生し野生動物が跳び回る草深いサバンナとなっていた。しかし、氷河時代の終わりごろになり、氷河が引いてしまうと、半島は長い間旱魃に襲われた。時が経ち、川は蒸発してしまい、かつて豊穣だった土地は干からびた砂漠となり、化石や干上がった河床（ワーディー）だけが残された。

今日のサウジアラビア王国の国土総面積は二百十四万九千六百九十平方キロメートルで、アメリカの約四分の一、日本の約五・七倍の広さである。サウジアラビアは二つの海、すなわち南西は紅海に、北東はガルフに面している。海岸線は東西双方を合わせると、約二千六百キロメートルに達する。西部地方のジェッダと東部油田地帯のダンマーンを結ぶ東西の距離は千五百キロメートルあり、一方南のイエメン国境に近いジーザンから北部のヨルダンとの国境トライフに至る南北の距離は約千八百キロメートルある。サウジアラビアが国境を接しているのは北西のヨルダンに始まり、時計の針回りの順にイラク、クウェート、バーレーン、カタール、UAE（アラブ首長国連邦）、オマーン、イエメンという八つのアラブの国々である。

ヨーロッパ古典時代の地理学者はアラビア半島を三つの地域に区分し、その特徴を総括した。すなわち「アラビア・フェリックス（幸福のアラビア）」と「アラビア・ペトラエ（岩のアラビア）」そして「アラビア・デゼルタ（砂漠のアラビア）」である。「幸福のアラビア」はイエメンとその隣接地域で、年間降雨量も豊富である。アラビア半島全体のうち面積にして約七〇パーセントを占めるサウジアラビアは西部地方の南部アシール地域を除けば、降雨量がほとんどない乾燥しきった地域、すなわち砂漠から成っている。地形、地勢という点からも世界的に独特の国ということが出来るであろう。

地形的にサウジアラビアは五つの地域に分けることができる。日本の総面積よりもずっと大きい、六十四万七千五百平方キロメートル以上を覆う世界最大の砂漠ルブ・アル・ハーリー（空白地帯）を除くと、サウジアラビアは東部、中部、北部、西部の四地域に分かれる。

まず王国の東部にはガルフの海面レベルへと緩やかに傾斜した沿岸平野が横たわっている。ガルフ側に近い内陸部が、アル・ハサ（アル・アハサーとも表記する。水のある砂地という意味）と言われるところで、ここには世界最大のオアシス、アル・ホフーフがあり、人々の生活の中心地だった。オスマン・トルコ帝国支配下にあったアル・ハサは一九一三年、初代国王となるアブドゥルアジーズによって征服された。この地域には堆積岩が多くあるため原油が大量に埋蔵されている。北から南へ二百キロメートル以上も延びるガワール油田は世界最大の単一油田だ。従って東部地域はサウジアラビアの原油埋蔵地帯として知られ、石油および石油化学施設の大半もこの地域にある。工業都市ジュバイルはこの国最大の石油化学製品の生産地である。東部地域の中心都市はアル・カティーフの南に位置しているダンマーンで、かつては真珠取りの小さな港だった。ダンマーンの南にあるのがダハラーンで、ここにはサウジ・アラムコの本部、ファイサル国王大学、アメリカ総領事館、ダハラーン国際空港がある。東部地域から内陸の中央部へ向かうに従って地形は尾根によって切り離されて徐々に高地となる。

火山の爆発や浸食によって変形した玄武岩の高地として広がっているのが中部地域のナジド（アラビア語で高地という意味）である。高地の標高は千三百〜二千メートルあるが、ここには王国の三つの主要な砂漠が広がる。最大の砂漠はナジド南部に位置する先述のルブ・アル・ハーリー。何年にもわたって雨が降ることのない乾燥しきった砂漠で、人間を全く寄せ付けないところという意味で「空白地帯」と呼ばれる。二番目の大砂漠は五万七千平方キロメートルのネフドで、北のイラク、ヨルダン国境に広がっており、太陽光線の当たり方によって赤と白に色を変化させる砂漠として有名である。第三の砂漠はダハナ砂漠で、長さ千三百キロメートルにわたってアーチ状に延び、北でネフドと、南でルブ・アル・ハーリーという二つの大砂漠に繋がっている。ナジドにはまた、トワイクなどいくつかの低い丘陵状の山地が走り、ナジドの中心部に位置するリヤードはトワイク山地周辺のオアシスである。

今日の首都リヤードの北十八キロメートルにあるナジドの中心地ダルイーヤはサウード家発祥の地だ。ナジドはまた、世界で最も乾燥したところである。ナジドにはリヤードの他、北東のアル・カスィーム地域にアネイザとブライダという都市がある。

多くの菜園やデーツ林があったことからアラビア語でガーデンと名付けられたリヤードは今日でこそ三百五十万人の人口を擁する王国最大の大都市センターだが、二十世紀の初めにはわずか七千五百人ほどの小さなオアシスの町であった。王国に石油が発見された後の一九四八年、リヤードの人口は二万五千人、六七年ごろには二十万人、石油収入を投入して大々的な開発が開始されていた七四年ごろで約七十万人ほどであった。

サウジアラビアの北部地域はヨルダンおよびイラクと国境を接するところから広がっている砂漠地域であり、大シリア砂漠の一部である。この地域の部族はヨルダン、イラク、シリアの部族と姻戚関係にある。ネフド砂漠によってその他の地域から孤立しており、都市らしい都市はない。北端には、ヨルダンから南へ延びる凹地ワーディー・シルハンを形成しているが、ここは肥沃な三日月地帯から中部や東部アラビアへ旅をする商人たちのキャラバン・ルートとして使われた。

サウジアラビア西部は歴史的に二つの地域に分けられる。第一は、砦の意味を持つヒジャーズで総面積にすると三十五万平方キロメートルに及び、紅海沿いの幅の狭い沿岸平野（ティハーマとして知られる）と海岸沿いに走っている山地から成っている。商業都市ジェッダ、イスラームの二大聖地メッカとメディーナ、高原都市ターイフ、工業都市ヤンブーを取り囲んだ地域である。メッカの西には二千六百メートル級の山地が走り、メディーナでは千メートルとなりその高度のまま北へ延びている。いくつかのオアシスを除くと、この地域もほとんどが砂漠である。ジェッダは古くからメッカへの巡礼者の出入り口で、今日ではリヤードに次ぐ人口二百二十五万人を擁する大都市だ。高地のターイフでは真夏の日中の気温は摂氏四十五度にもなるが、夜には気温が下がり過ごしやすくなる。このため王族やエリートたちの避暑地として好まれ、実際に非公式ながら王国の夏の首都となる。

西部の第二の地域は、ヒジャーズ地方の急峻な傾斜地に位置するターイフの南に始まり、イエメン国境に至るサウジアラビア南西部、アシール（難儀な、あるいは危険なという意味）地方である。一九三四年、アブドゥルアジーズがイエメンとの戦いで奪ったところでもある。大部分が標高二千メートルの山地で、州都アブハ近くのジャバル・スダ（黒い山）は標高三千メートルを超えサウジアラビアで最も高い。こうした地形から年間平均降雨量は三百ミリと同国内で最も多く、いくつかの集水ダムもあり、農業が行われている。主要都市としては紅海に面したジーザン、アブハ、イエメン国境に近いナジュラーンがある。アブハの近くにはサウジアラビアの大軍事基地ハミース・ムシャイトもある。

このようにサウジアラビアは、乾燥した砂漠気候を特徴とするため、夏のナジドなど内陸部では摂氏五十度を超えることが多い。しかし湿度がないため太陽が沈むと、わずか三時間以内に二十度も下がることがある。内陸部の冬の気候は氷の張ることもあるほど冷え込む。沿岸部は高温多湿が特徴で、夏の日中は摂氏四十度を超え、夜間も気温は数度しか下がらず、不快指数はことのほか高い。冬は過ごしやすく、特に紅海沿岸部の夜は暖かく心地よい。

サウジアラビアの地理的あるいは風土的特徴は以上見た通りであるが、そこに居住していた人々は一体どのような住民だったのだろうか。そもそもこの不毛の砂漠で生活していた人々は、文明的に一歩進んでいたシリアやメソポタミアの都市住民たちから、「荒野の人」を意味するアラブあるいはアリビ、ウルビと蔑まれて呼ばれていた。レバノン生まれのアラブ史研究の最高権威、P・K・ヒッティによると、アラビア半島で生活していた人々は三方面を海、第四の方面を砂漠で取り囲まれた地域を「ジャジーラト・アル・アラブ」（アラブの島）と呼び、そこには南アラブと北アラブ（中央部ナジドの人々も含む）が住んでいたという。南アラブはヤマン（イエメン）、ハドラマウトなどアラビア海沿岸部の定住民で、エチオピア語に近いサバー語やヒムヤル語など古代セム語を使用していた。一方、北アラブは大部分がヒジャーズやナジドで「毛の家」（山羊や羊の毛で作ったテント）に住み、遊牧を生業としていた人々で、言語としてはアラビア語を使っていた。

五世紀末、遊牧民を組織して成立したキンダ王国は、それまで人々が共通語として使っていたアラム語や南アラビア語（後のアラビア語とはかなり異なった）に代わる共通の意思疎通の手段としてアラビア語を採用した。

やがて六世紀初め頃から、アラビア半島は詩人の世界となり、詩人たちが共通語としてのアラビア語を洗練し、かつ抽象化した言語に高めていった。こうして、人々は自らをアラブとして自覚するようになり「明瞭なアラビア語を理解する人」と位置付け、これに対し「訳のわからない言葉を話す人」をアジャムと呼んだという。ヒッティ教授は『アラブの歴史』の中で、「アラビアの住民、とくに遊牧民が、生物学的・心理学的・社会学的・言語学的に、セム人種の最良の典型をなしている理由は、かれらが地理的に孤立して、砂漠生活からくる単調な均一性をもつことにあるといわねばならないだろう。人種的純粋性は、中央アラビアのようなきわめて恵まれない孤立した環境が与える代償である」

と強調しているが、ナジドの住民はその伝統的な孤立状況の結果、最も純粋な血統を持つと考えている。従って、ナジドを中心としたネイティブなサウジアラビア人は人種的にセム語系のアラブであり、住民はアラブ揺籃の地としてのナジドに強い誇りを抱いている。こうした点からも現代サウジアラビア人は「アラブの中のアラブ」として特異な存在であることを誇示する傾向を持っている。

ナジドに対して、サウジアラビアの他の地域はいずれも人種的にかなり混交している。最も人種的に多様化している地域はヒジャーズである。西暦七世紀のイスラーム誕生後、イスラーム共同体(ウンマ・イスラーミーヤ)の発展する過程で、増え続けていった信徒たちは、信仰の教えに従って、一生に一度の巡礼のためヒジャーズのメッカを訪れるようになった。やがて世界のあちこちからやってきた数多くの巡礼たちがヒジャーズに定住し、現地の人々と結婚するようになった。また、ヒジャーズは貿易、商業の中心地として、アラブ世界の各地から、とくにイエメンから多くの人々を吸収した。プロローグに登場した国際テロリスト、ウサマの出身一族ビン・ラディンはイエメンからの出稼ぎ者であった。

南西部、アシールの住民はイエメン的な背景を持った人々が多く、サウジアラビア人に比べ小柄でほっそりとしており、肌の色もずっと黒い。ジーザン周辺にはニグロ的な特徴を持った住民を多く見かけるが、これは一九六二年に王国で奴隷制度が廃止される以前に、ネイティブのサウジアラビア人がその奴隷と通婚した結果生まれた人々の子孫である。

東部のガルフに眼を移そう。アル・ハサ地域にはインド亜大陸的な特徴を持つ人々が多いが、これは数世紀に及ぶガルフ地域と南アジアとの貿易と相互作用の関係を映し出している。

アラビア半島の風土的特徴については既に知った通り、南西部のイエメンと隣接のアシール地域を除くと、降雨がほとんどない乾燥地域であり、わずかな地下水を利用できる緑地帯（ワーハ）以外では農業は全く不可能だった。緑地帯では乾燥した土地での栽培に適したナツメ椰子が植えられ、百本の椰子の木があれば集落が出来上がった。しかし数年おきに襲ってくる旱魃のために農業は不安定であり、地下水も限られていたことから発展はしなかった。

このため砂漠に取り囲まれたところで生まれた人々が選んだのはラクダ、山羊、羊を遊牧する生活であった。彼らは自らのことを遊牧の民（バダウィ）と称したが、これがその後訛った英語でベドウィーンと言われるようになった。ナジドのベドウィーンは家畜の牧草を求めて、夏には北のヨルダンを経由しシリア方面にまで移動し、一方、春に一時的に雨の降った後、牧草の芽吹き始めたナジドへ南下してくる。ラクダの飼育を専業とするベドウィーンの移動距離は千キロメートル以上にも達するといわれ、近代になり国民国家が登場した後も、国境線に関係なく自由に移動を続けた。

ヒッティ教授は「アラビアの住民はベドウィーンと定住民との二つのグループに大別されるが、両者の中間に半遊牧民的段階や都市民に近似した段階があり、かつてベドウィーンだった一部の都市民は、古い遊牧民の痕跡をとどめているし、そのほか都市民化の途上にあるベドウィーンがいる」と述べている。羊や山羊など移動範囲の小さいベドウィーンは農業を兼業とするケースも多く、半遊牧民や定住民になっていくものもあった。

さて、厳しい自然と社会環境の下では住民たちは、砂漠のベドウィーンであれ、村落の定住民であれ、一族の生活、安全を支え、守るためには血縁関係を中心にした拡大家族、氏族、部族というしっかりとした統合の絆を組織しなければならなかった。ベドウィーンと定住民はお互いに物資の交換（村落側はナツメや穀物を、ベドウィーン側は羊毛、乳製品など）をして依存する関係にもあったが、イスラーム誕生以前のジャーヒリーヤ（無道あるいは無明）時代にはベドウィーンのガズウ（掠奪）行為は日常茶飯事であった。ガズウは村落に対して行われたばかりでなく、他のベドウィーン集団に対しても行われた。ベドウィーンの間ではガズウは悪ではなく、むしろ剛勇な美徳とされた。一般的に知略にたけた指導者を有し、軍事力の強大な遊牧民部族が村落を襲ったり、他の遊牧民を襲撃したりして強大になっていった。文字通りの弱肉強食の世界であった。このため村落民や弱小の遊牧民は強大な遊牧民部族に「同胞税（ホウワ)」を支払って保護を依頼した。

当時の社会状況について、アメリカのサウジアラビア専門家、ナダフ・サフラン教授(ハーバード大学)はその著“Saudi Arabia”(1985)の中で次のように指摘している。

「生計の資を稼ぎ出すことの難しさ、余分の資源が手に入らなかったこと、アラビア半島がとてつもない広がりを有し、隔たっていたこと、そして遊牧の生活様式と部族主義が有力であったこと――これらが結び合わさってアラビア半島を一種のホッブス的国家(ホッブスは「人間は契約によって国家を形成、主権者を立ててこれに絶対服従することによって治安を維持しうる」と説いた)に仕立て上げた。この国家では各部族は短期的、一時的な同盟関係を除いて他のすべての部族と恒常的な戦争状態にあった。定住民と遊牧民との敵対関係は特に根深かった。お互いの仕事や生活様式に対して軽蔑をした」

イスラーム誕生以前のアラビア半島各地域には四、五十の主要部族が存在していたといわれる。以下に触れるように、預言者ムハンマドは血縁をことのほか重視する部族主義を否定したが、イスラームが広まって行く過程でもベドウィーンは血縁を重視し、実際生活において部族民同士助け合う部族主義から脱することをしなかった。定住化が進んだヒジャーズの都市や村落、またナジドでも大きな町村においては部族主義は薄らいでいったが、住民は危機が訪れると、最終的に頼りにできるのは部族以外にないとの意識を拭い去れなかった。現代においても、基本的に部族社会構造の上に築かれているサウジアラビアは、やはり特異な国だと言わざるを得ない。

このように過酷な自然環境の中で誕生したイスラームはメッカとメディーナを中心に発展を遂げ、今日では全世界に約十一億人のムスリムを擁するまでになった。サウジアラビアはメッカ、メディーナを守護下に置き、今日、全土には国民三百人に一つのモスクを配置する「敬虔なイスラーム」国である。

そもそもイスラームとは平穏であること、神に絶対に服従することを意味する。西暦五七〇年、メッカの名門クライシュ部族のハーシム家に生まれたムハンマドは六一〇年、メッカ郊外で、全知全能の神、アッラーから最初の啓示を受けた。この神の言葉は、六世紀初めごろから詩人を通じて広まっていた共通アラビア語で下された。やがて預言者を自覚したムハンマドは、人々にアッラー以外に神は存在しないこと、この唯一神は天地万物の創造主であること、人間は神の恩恵に感謝し、その力を称えなければならないこと、それはただ礼拝を行うだけではなく、実際に弱い人、貧しい人を助ける行為（喜捨）を伴わなければならないこと、最後の審判の日が間近に迫っており、その日に人間は神によって審判を受けること——など共通アラビア語による神の言葉を街の人々に広めていった。

ところが、クライシュ部族の大商人たちは間もなく、一族の男が始めた布教を自分たちに対する挑戦と受け止め始めた。同部族の祖先は五世紀末ごろ、メッカ中心部にあったカーバ神殿の管理権を握ったが、この神殿にはアラビア半島各地の部族それぞれの神、その象徴としての偶像三百六十体が祭られていた。各部族は一年に一度、一切の戦闘行為を停止する神聖月に、巡礼として訪れ、近郊には市が立って繁栄した。管理権を握っていたクライシュ部族は当然、この巡礼を商売に利用していたが、彼らにとって、ムハンマドが広めている神が唯一であり、偶像崇拝を否定するとの教えは、取りも直さず多神教を容認し、偶像の管理によって経済的利益を受けていた自分たちを脅かすものであった。

メッカのカーバ神殿　AP/WWP 提供

このため、大商人たちは預言者をはじめ信徒たちに対する迫害を開始した。こうしてメッカに見切りをつけたムハンマドらは、西暦六二二年、北方三百五十キロメートルの町ヤスリブへ移住した（イスラーム史上有名なヒジュラ）。ムハンマドはヤスリブで、有力部族同士の長年にわたる内戦を終結させ、和平をもたらした。預言者に対する信頼感が強まり、イスラームを受け入れる人々が増えていった。ヤスリブは「預言者の町」（マディーナ・アンナビー）と名を変え、略してマディーナ（メディーナ）と呼ばれるようになった。

ムハンマドはメディーナの中心部に家を建て、集団で礼拝を行う場所（モスク）とし、信仰という絆で結ばれたイスラーム共同体を築いて行くことになった。当時は血縁に基づく組織作りが常識的だったので、こうした信仰を絆にした共同体建設は画期的なことであった。またムハンマドは共同体建設の過程で、メディーナ在住のユダヤ教徒と戦ったり、メッカの不信徒に何度もジハードを挑んだが、六三〇年、ついにメッカを無血占領し、イスラームの支配下に置くことに成功した。ムハンマドは直ちにカーバ神殿へ向かい、祭られていた偶像をすべて破壊するとともに、地位と血筋を誇るジャーヒリーヤの時代が終わったことを宣言した。つまり、血縁を最優先させていた部族社会制度の精神を無効とし、これに代わって信仰による繋がりこそが重要であることを前面に打ち出したのである。

イスラームの聖典として知られるコーラン（正しくはクルアーンと発音され、読誦されるものという意味）は神自身が語った言葉を、預言者の死後、第三代カリフ、ウスマーンの命令で、まとめられたものである。全体で百十四章から成り、六一〇年の最初の啓示から六二二年ヒジュラまでのメッカ期が八十五章、ヒジュラ後、イスラーム共同体の建設を始めてからムハンマドが逝去する六三二年までのメディーナ期が二十八章となっている。メッカ期は唯一絶対の神の存在を訴える一方、やがて最後の審判の日が訪れ、神の裁きが行われるという警告的な内容を盛り込み、全体的に短く、荒々しく、激しい抒情的調子がみなぎっている。これに対し、メディーナ期は現世的な内容で、日常生活のあれこれの指示とか、結婚や商取引のことについて触れ、長く冗漫な散文調のものが多い。

聖典コーラン

このコーランに加え、イスラームで重要とされるのは、預言者が存命中に「こうしても良い」とか「そうしてはいけない」と語った言葉、さらに実際に行ったこと、すなわち預言者のスンナ（範例・慣行）を記録し集大成したハディース（伝承）である。スンナはハディースを基礎にした研究によって確認され、八世紀半ばごろから十世紀までイスラーム法学者が編纂作業を始めた。イスラームのスンニ派は預言者のスンナに従う人々のことを指している。さらに、コーランとハディースを基礎にして定められたのが、アラビア語で「水場に至る道」を意味するシャリーア（イスラーム法）である。ムスリムは唯一神に絶対に帰依し服従しなければならないが、シャリーアは信徒たちがこの「神への帰依の道」を辿るようにと、この世の世俗的な領域を含めた人間の正しい生き方・行為に関する規範となっている。従って、シャリーアは第一に、信仰・儀式など宗教にかかわった規範を網羅しており、懺悔、礼拝、喜捨、断食、巡礼、葬制に関した内容である。第二は、イスラーム共同体で日常生活を送る信徒たちのための法的規範で、婚姻、離婚、親子関係、相続、契約、売買、非イスラーム教徒の権利と義務、訴訟、裁判、犯罪、刑罰、戦争などにかかわった規範である。

こうしてムスリムはイーマーン（信）と呼ばれる正しい信仰の内容六つ（六信）を尊ぶとともに、その信仰を裏付けるイバーダート（行）といわれる神への奉仕としての正しい行為五つ（五行）を実践しなければならない。これらが、いわゆる「六信五行」である。六信は神（アッラー）、天使、啓典、預言者、来世（終末の日）、予定（天命）をいう。また五行は「アッラーのほかに神はない。ムハンマドはその使徒である」と唱える信仰告白、神を称えあがめる行為としての礼拝、富める人が貧しい人に行う喜捨、一年のうち一ヵ月間日の出から日没まで一切の飲食を断つ断食、そしてムスリムなら一生に一度メッカへ詣でることが望ましい巡礼の五つから成っている。

イスラームを広めた預言者一族を輩出したことによって、またメッカとメディーナ二聖地の守護者として、王国支配層はイスラーム世界の中にあって一種独特の誇りをひけらかすのだ。

第2章　アブドゥルアジーズの戦い

傷心の王子

アラビア半島中部ナジドは、アラビアの誇りある一族アル・サウード家ゆかりの地である。この高貴な一族の当主、アブドゥルアジーズが現代サウジアラビア王国を建国するのは二十世紀も半ば近くになってからのことである。建国に至るプロセスにおいて、アブドゥルアジーズがいかに機略にたけた支配者ぶりを見せるか、やがて詳しく紹介する。

時は十九世紀末、ここに登場するアブドゥルアジーズは、一時はリヤード首長を務めた父親、アブドゥルラハマーンらわずかばかりの親族とともに夜陰にまぎれて、敵対部族イブン・ラシード家の追っ手を振り払いつつ、逃亡の旅に出た傷心の少年であった。

イブン・ラシード家というのは、リヤードの北西シャンマル山地のシャンマル諸支族（注*）を支持基盤とするベドウィーンである。商業の中心地ハーイルを本拠地とし、一八七〇年代にはオスマン・トルコと同盟し、補助金や武器の供給を受け、一八八四年には半島中心部のカスィーム地区を支配下に収めていた。ナジドの諸部族は、当時兄弟同士の内輪もめを続けていたサウード家に愛想を尽かし、日の出の勢いだったイブン・ラシード家に傾いていた。こうしてイブン・ラシード家はサウード家に代わってナジド全域を支配するようになっていた。結局サウード家に属したアブドゥルラハマーンの兄二人はイブン・ラシードとその部将によって殺されてしまっている。末弟のアブドゥルラハマーンはイブン・ラシード家代官の監視の下で首長に就任はしたが、同家との駆け引き、交渉、戦いの後、砂漠へ追放されてしまったのである。イブン・ラシード家はリヤードを占領し、代官にアジュラーンという人物をハーイルから呼んで任命した。こうしてイブン・ラシード家は今やナジド全域を思いのままに支配することが出来るようになっていた。

アブドゥルラハマーン親子らはラクダ数頭と部下二十人を従えたキャラバンを編成し、アラビア半島南部に向かい、アジマーン族に情けをかけてもらうことにした。このベドウィーンはかつて、サウード家に助力の手を差し伸べ、姻戚関係にもあったが、サウード家に反抗的であり、いつ裏切り行為に走るかわからなかった。アブドゥルラハマーンはキャラバンを二手に分け、妻などをバーレーンへ送り、自分と息子、それにわずかな従者はさらに南の酷熱の砂漠ルブ・アル・ハーリーへ逃れて行かなければならなかった。旅人がここへ踏み込むことは死を意味する、そんな砂漠であった。水もなく、食物はわずかにネズミやトカゲ、あるいはたまに見つかるダチョウの卵ぐらいであった。

こうした砂漠ではあったが、ここに原始的な部族アール・ムッラ族が生活していた。アブドゥルラハマーン親子はアール・ムッラ族の世話になり、生存のために彼らの掠奪行動にも参加し、彼らと付き合い「完全なベドウィーン」になっていった。

まだ、アブドゥルラハマーンがリヤード首長だったころ、彼は息子アブドゥルアジーズにコーラン暗誦などの宗教教育を施したほか、長剣の扱い方、銃の撃ち方など軍事教育にも力を入れた。またキャラバン隊に加えてもらい、長旅も経験させた。父親は息子に「ほんとうのベドウィーンは、一握りのナツメ椰子の実と、一杯の水と、三時間の睡眠とで満足することを知らねばならぬ。われわれの祖先が一つの帝国を征服したのは、この原則によったのだ」と語ったといわれる。だが、ルブ・アル・ハーリーでは、生粋の武将ではなかった父親が弱気になる一方だったのに反し、渇き、飢え、疲れ果てていた十三歳の息子の方が生への執着心を旺盛に示していた。

そこへ奇跡が起きた。砂漠の彼方に騎馬兵の一団が現れたのである。オスマン・トルコの命を受けたクウェートのアミール（首長）、ムハンマドがアブドゥルラハマーンらを探すために差し向けた一団であった。オスマン・トルコはイブン・ラシード家を支援してはいたが、勢力

サウジアラビアの主要部族

均衡のために同家の仇敵だったサウード家を利用しようと考え直していたからだ。こうして、サウード家一家はクウェートでオスマン・トルコから生計費援助を受ける生活を始めることになった。

食客としての亡命生活を始めてから三年近くの歳月が経った一八九五年五月、この小首長国で支配一族のサバーハ家内部で血塗られたクーデターが発生した。首長ムハンマドの弟ムバーラクが兄を殺害し、オスマン・トルコの同意を得ることなく、政権の座に就いたのである。兄はオスマン・トルコに意のままに操られていた人物だったが、弟ムバーラクは自由奔放な性格のうえ活動的で、イギリス人、ドイツ人、フランス人など外国の友人を多数持っていた。ムバーラクはこれらの友人との個人的な会見の席に、将来を見込んで惚れ込んでいたアブドゥルアジーズを同席させ、駆け引きや交渉の仕方などさまざまなことを教えていた。

ところで、かつては真珠取りの小さな港にすぎなかったクウェートは、にわかに国際的な要衝としてクローズアップされ始めていた。当時の列強がここに目を付けていたからだ。

イギリスにとってはインドからの海上ルートを確保するうえでクウェートの重要性はことのほか大きかった。このころまでに、イギリスは「ワッハーブ宗」（ナジドの唯一神教。後述）を受け入れていた海賊の出没に手を焼き、一八一九年十一月、まずラースル・ハイマ（現在のUAEを構成する首長国）の海賊を攻撃し、一般平和条約を締結させた。同条約にはガルフの他の首長も加わった。一八三五年には海上休戦条約を、一八五三年には恒久休戦条約を締結させた。一八六一年五月、イギリスはバーレーンとも恒久休戦条約を締結し、バーレーンとカタールを自国の保護下に入れ、インドとの航路の安全を確保していた。

そのほか、イギリスは一八八二年にエジプトを軍事占領したのをはじめ、一八九八年にはその南のスーダンも占領した。他の列強フランス、ロシアもそれぞれエジプト、ペルシャに橋頭堡を築こうと覇を競い合っていた。ロシアはバクー、イスファハーンからガルフのバンダルアッバースへ抜けるペルシャ縦断鉄道の建設を計画していた。

これらの列強に比べ、帝政ドイツは出遅れていたが、十九世紀末、ドイツ皇帝は「イスラームの保護者」と称してオスマン・トルコに急接近した。当時、オスマン・トルコはパレスチナ、シリアばかりでなく、メソポタミア（現在のイラク）を支配下に収め、ガルフの奥クウェートにも強い影響力を行使していた。また、オスマン・トルコはサウード家の兄弟喧嘩を幸いにガルフに面したアル・ハサ地方を押さえた。さらに一八四〇年オスマン・トルコは西部ヒジャーズのメッカとメディーナ両聖地を管理下に置いた。こうして帝政ドイツは一八九九年四月、「三B政策」のもと、ベルリン―ビザンチウム―バグダッドを結ぶ鉄道建設を計画し、クウェートへの延長も考えていた。また西部ではドイツがオスマン・トルコへ援助を行い、ダマスカスとメディーナとを結ぶヒジャーズ鉄道の建設が始められていた。イギリスはこのようなドイツの動きを重大脅威と受け止め、その動きを封じるためにはどうしてもクウェートを防衛しなければならなかったのである。

こうして浮かび上がった図式はドイツ＝オスマン・トルコ＝イブン・ラシード家に対するに、イギリス＝クウェート（ムバーラク）＝サウード家ということになる。

ムバーラクはクウェート併合を企んでいたオスマン・トルコの誘いを振り切り、ガルフ周辺の情勢を鋭敏にキャッチしてイギリスに急接近した。その結果、一八九九年一月、イギリスとクウェートは「領土不割譲協定」を秘密裏に締結した。その内容はイギリスがクウェートを外国の侵略から防衛するのと引き替えに、クウェート側はイギリスの同意なしに、いかなる外国にも領土を割譲しないことを約束したものであった。この結果、クウェートまでの鉄道延長を考えていたドイツの目論見はついえ去ってしまった。

一方、ナジドの地からサウード家を放逐したイブン・ラシード家は、オスマン・トルコに追随し、いよいよ勢いを増大させていた。

だが、一八九七年、当主ムハンマド・イブン・ラシードが死ぬと、その後継者は有効な統治を行えず、領民の反乱や命令に背く遊牧民の扱いに手を焼いていた。こうしたイブン・ラシード家の弱体化を見て、かねてから半島中部への進出の野心を抱いていたクウェートのムバーラク首長はイブン・ラシード家を攻撃する絶好のチャンス到来と見なした。首長はサウード家のアブドゥルラハマーン、アブドゥルアジーズ親子を受け入れ厚遇していたが、それは明らかに半島中部進出の際に利用できると計算した上でのことだった。

クウェートがイギリスに急接近したことはオスマン・トルコの神経を逆なでした。しかし、オスマン・トルコはクウェートを直接攻撃することはイギリスとの衝突となるため避け、「属国」イブン・ラシード家に「ムバーラクをクウェートから追放すれば、この港を手渡しても良い」と約束し攻撃を準備させた。これに対してクウェート側もサウード家のアブドゥルラハマーンと相談し、ナジド各地の遊牧民部族に呼びかけ同盟軍を編成し対決に備えた。

一九〇一年一月、クウェート首長ムバーラクは大軍一万人を率いて、ナジド中央部のカスィ

青年時代のアブドゥルアジーズ

ーム地方に進撃、イブン・ラシード軍を破竹の勢いで撃破し、本拠地ハーイルへ向け進軍した。この作戦中、アブドゥルアジーズは敵勢力を分断するため、独立小部隊を率いて故郷リヤードへ向かい、ミスマク城を陥落寸前にまで追い込んだ。だが、その時、本隊のムバーラク軍がアジマーン族の裏切りを受け、オスマン・トルコから新式兵器を入手したイブン・ラシード軍に完敗し、クウェートに逃げ帰ったとの報を受け取り、直ちに出発地であるクウェートへ戻らなければならなかった。

同年八月、イブン・ラシード軍はクウェートに攻め込んで、ムバーラク軍を完膚無きまでに打ちのめした。ムバーラクもその庇護者サウード家一族の運命もこれまでかと思われた。ところが、ムバーラクの「友人」であったイギリスがクウェート湾に一隻の軍艦を派遣し、威圧を加えた。その結果、イブン・ラシード軍も撤退を余儀なくされた。たった一隻の軍艦が、イブン・ラシード家、オスマン・トルコ、そしてドイツを怖じ気づかせてしまったわけだ。

一方、こうした情勢の展開に目を白黒させていたアブドゥルアジーズであったが、望郷の念を捨て去ることが出来なかった。アブドゥルアジーズはムバーラクに武器、ラクダ、金を執拗にせがみ、一九〇一年十一月、やっとのことで首長から武器と資金、疥癬病みのラクダ三十頭の提供を受け、再びリヤード奪回のため砂漠へ向かった。将となったアブドゥルアジーズは弱冠二十一歳、身の丈二メートル四センチもある武人であった。これに従ったのはサウード家の精鋭五十人で、その中には弟のムハンマド、父親の従兄弟アブドゥラー・イブン・ジルーウィーも含まれていた。

アブドゥラー・イブン・ジルーウィー

精鋭部隊は、アル・ハサ地方を経由し仲間を集める行動を取った。途中でキャラバンを襲撃したり、アジマーン族の宿営地を急襲し金貨を奪い、味方に付く遊牧民には気前よくばらまいた。このため遊牧民約千人が加わったが、彼らは劣悪な行軍中にこれ以上の分配に預かれないと察知して脱落して行った。アル・ハサ周辺には敵が多数あったため、アブドゥルアジーズは再び大砂漠ルブ・アル・ハーリーを目指さざるを得なくなった。砂漠へ向かって行動をともにしたのは最初の五十人だけであった。食料も少なく、水の蓄えを気にしながら、この大砂漠の中で敵に発見されずに行動することは大変なことであった。しかも大砂漠に潜んでいた五十日の間に、イスラームのラマダーン（断食月）がやってきた。だが、後述するように敬虔な「ワッハーブ宗」信徒として、アブドゥルアジーズ以下の精鋭部隊はすでに限界以上のひもじい状況に置かれていたにもかかわらず、この難行（日の出から日没まで一切の飲食を断つ）を実践したと言われる。

ラマダーン明けから間もなくの一九〇二年一月十二日、部隊はリヤード郊外の小さな山脈にやっと到着した。アブドゥルアジーズはここで半数近い二十人を残し、残りの三十人を率いてリヤードの南数キロの古井戸にたどり着いた。ここで再びアブドゥルアジーズは二十人余を残し、ジルーウィーと部下六人を連れ、ミスマク城内に突入した。一月十五日の夜明け、八人はイブン・ラシード家の代官アジュラーンを剣でたおし、城を守備していたシャンマル部族兵を全滅させた。こうしてサウード家はイブン・ラシード家の手から十一年ぶりにリヤードを奪回したのである。

アブドゥルアジーズは破壊されていた城の修復を行う一方、イブン・ラシード軍による報復戦の前に南部のハルジ地区を占領し、抜け目なく領土を拡大した。同年五月、クウェートに残っていた父親アブドゥルラハマーンも一族とともにリヤードに帰還した。リヤードの宗教家、有力者たちはサウード家のアブドゥルアジーズに忠誠の誓いを行った。

父親のアブドゥルラハマーンは新首長の息子をもちろん支持したが、長い亡命生活に疲れていたため自らは、宗教上の任務にだけ携わって行きたいと希望し、宗教的意味合いの強い教主（イマーム）に就任した。新首長就任の式典で、父親は先祖伝来の剣（この剣は研ぎすまされたという意味の「ラハイヤン」と呼ばれた）を息子に譲り渡した。「ラハイヤン」は、そもそもアラビア半島にイスラームの厳格な教義を導入し、現代に至るサウジアラビア王国の基本柱となっている「ワッハーブ宗」の創始者ムハンマド・イブン・アブドゥルワッハーブ（俗称ワッハーブ）が自らの祖先であるタミム部族から受け継いだ、もっとも高貴なひとふりであった。

イスラーム世界の発展は「コーランと剣」として象徴的に語られるが、アラビア半島では宗教家の部族に伝わる剣が、その後代々のサウード家の指導者に受け継がれてきたのである。リヤードを奪回したことによって、アブドゥルアジーズはその後のアラビア半島統一への第一歩を印すことになったのだが、「ラハイヤン」が登場したので、ここでサウード家を中心にリヤード奪回以前の半島の様子を振り返っておこう。

「ダルイーヤの盟約」と第一次ワッハーブ王国

時代は十八世紀初めにさかのぼる。ナジド中部の宗教家の家に生まれたイスラーム改革運動の旗手、ワッハーブは、当時半島中部ナジドのダルイーヤ首長国家の長だったムハンマド・イブン・サウードに「ラハイヤン」を渡した。実はこの二人の結びつきこそが、その後のアラビア半島の政治的、宗教的発展を特徴付け、今日のサウジアラビア王国そのものをも規定しているのである。

ムハンマドの父親はサウード・イブン・ムハンマド（イブンは誰々の息子という意味。従って、このサウードの父親はムハンマドということになる）で、ダルイーヤ国家の第十四代目のアミール（首長）であった。このサウードこそが現在の王国の支配者アル・サウード家（王朝）の始祖である。ダルイーヤ国家の初代首長は、北アラビアに定着したアドナーン部族の後裔で、十五世紀半ば、アル・ハサ地方からナジドのハニーファ渓谷に住み着いた一族であった。サウードが第十四代目の首長になるまで、十三人の首長が約二百六十年間、ダルイーヤ国家を支配したが、その間親子、兄弟を含めた一族は骨肉相食む権力闘争を全く飽きもせずに繰り広げたことが記録されている。

さて、アラビア半島では家族（部族の原型）と宗教が固く結びついており、家族の伝統はアラビアの歴史が始まって以来といえるほど古い。一方宗教の伝統は周知のようにイスラームの誕生にさかのぼる。この家族と宗教は、右に記したように、十八世紀半ば、第十五代首長ムハンマドとワッハーブが固い盟約を結ぶことによって一体化した。サウード家の権力とワッハーブ（その子孫はアル・アル・シェイク家と呼ばれ、サウード家に次ぐ高貴な家とされている）の宗教的・精神的力の結合が、今日に至るまでもサウジアラビアの政治的、社会的、宗教的一体性

支配者	期間
ムハンマド・イブン・サウード	1745–1765
アブドゥルアジーズ・イブン・ムハンマド	1765–1803
サウード・イブン・アブドゥルアジーズ	1803–1814
アブドゥラー・イブン・サウード	1814–1818

第一次ワッハーブ王国サウード家の支配者

を支えているのだ。「何らかの教義を求めていた」ムハンマドと「剣を求めていた」ワッハーブが手を握ったのである。ここにこそ、サウジアラビアを独特な国に仕立て上げている歴史的な理由が隠されているといえるだろう。

ワッハーブはイスラーム・スンニ派の四法学派の一つハンバリー学派に属していたシリアの法学者イブン・タイミーヤ（一二六三―一三二八年）の影響を強く受け、少年時代から、当時ナジドで行われていた聖樹、聖石を対象にした偶像崇拝や聖者やその墓詣でを、神の唯一性（タウヒード）に反し、イスラームの教えに背く行為として糾弾し、イスラームの改革運動を始めていた。

ワッハーブとムハンマドとの盟約（ダルイーヤ盟約）はこの後、独自の歴史を辿って誕生したサウジアラビア王国の原点となるものであったので、そのさわりの部分を紹介しておこう。

首長であるムハンマドは改革運動家のワッハーブに対して「あなた自身の国より秀れた国へ来られたことを歓迎する。あなたにわれわれは満腔の尊敬と支援を捧げましょう」と語り、一方の運動家は「あなたにも名誉と権力が保証されよう。何故なれば、唯一の神を信じ、その御旨のために働く者には、神が国王の位と民衆とを与え給うからである。そして最初から最後までの全預言者が宣言したように、神は聖なる唯一者だからである」と述べたという。首長と宗教改革運動家は、こうして一七四五年のこの日、盟約を締結したのである。ただ、その際、首長は運動家に二点の確約を求めた。首長は「第一は、私が貴方を助けて二人の世界を勝ち取ったとき、貴方が私と袂を分かって他に運勢を求めるかも知れないという危惧である。第二は、臣民が農業・商業などで得る所得中から生まれる国家収入の一部を受け取る権利を私が法的にもつことである」と質し、これに対し、運動家は「第一の問題では、そんなことはないと貴方に確約する。第二については、おそらく全能の神は、貴方に征服したものを与え給い、貴方の現在の国家収入よりも遥かに多額のものを戦利品を以て与え給うであろう」と答えたといわれる。唯一神論に忠実に従って行動すれば、聖戦に勝利し戦利品を獲得することが出来ると説いた訳である。まさに、この出会いがその後の王国の特異性を決めたといっても良いであろう。

こうしてイスラーム改革運動家の説く唯一神論のことを人々は「ワッハーブ宗」と呼ぶようになって行ったが、唯一神論を信ずる人々はこれをしも、ワッハーブその人をうやまうことに等しく、神の唯一性を冒瀆するので、「ワッハーブ宗」と呼ばれるのを嫌い、「ムワッヒドゥーン(唯一神教徒)」と名乗った。

盟約から間もなく、早くも「ワッハーブ宗」に敵対していた部族に対する最初の聖戦が実行され、ラクダおよび羊、それぞれ数十頭を捕獲した。戦利品は「ワッハーブ宗」の「五分法」といわれたルールに基づく分配に従って、首長が五分の一、戦闘に参加した人々が五分の四を取得した。これ以降、「ワッハーブ宗」を受け入れず、敵対を続ける部族に対する聖戦は毎年のように繰り返された。やがてアブドゥルアジーズによるアラビア半島統一の過程においても、これに類する聖戦が展開されて行く。このように、ワッハーブのイスラーム改革運動は砂漠の戦士たちを改宗させて行ったが、同時に砂漠の部族は獲物目当ての略奪行為であっても、「ワッハーブ宗」を受け入れた後は「タウヒード」の旗を掲げた聖戦として自分たちの行動を正当化したのである。

ムハンマドの下でアラビア半島中部はサウード家によってほぼ征服されたが、彼の息子、孫の代になっても領土拡大はナジドを超えた地域で続けられて行った。

一八〇一年、サウード軍はオスマン・トルコ支配下にあったイラク南部への攻撃を激化させ、とくに「ワッハーブ宗」からは異端とされたシーア派聖地のカルバラー（預言者ムハンマドの孫で、シーア派第三代目のイマーム、フサインの廟など同派の聖跡が多数あった）を攻撃、「背信の権化」であったフサイン廟の大ドームを破壊、この町で殺戮と掠奪の限りを尽くした。婦女子を含め四千人を殺害、金銀財宝など莫大な品々を戦利品として持ち去った（二十世紀後半になってからも「ワッハーブ宗」信徒たちがシーア派を異端として排斥し差別待遇したことはよく知られている）。

また、この事件が起きた一年後、ヒジャーズの高原の町ターイフでサウード軍は二百人もの人々を殺戮、貴重品を掠奪した。さらに翌年、同軍はメッカで「ワッハーブ宗」にとってふさわしくない、イスラーム初期の男女英雄の墓やモスクのドームを徹底的に破壊している。サウード家はヒジャーズ制圧後、一八〇九年までには、東部のカタール、バーレーンをも支配下に収め、さらにオスマン・トルコ統治下にあったイラクやシリアに対しても襲撃を繰り返した。

ヒジャーズ地方の聖地メッカの守護者（シャリーフ＝高貴な血筋の人。後述）もサウード家にとっての脅威だった。オスマン・トルコ帝国が一五一七年二月、カイロのマムルーク政権を破った結果、マムルーク支配下にあったシャリーフはオスマン・トルコに忠誠を誓い、オスマン・トルコ帝国のスルターン（皇帝）が正式に「二大聖地の守護者」という称号を保持するようになった。シャリーフ側は「ワッハーブ宗」を異端としてこれに警戒心を抱き、ナジドのワッハーブ信徒には聖地巡礼を禁止した。十八世紀末の十年間、シャリーフ側とサウード家側は戦利品目当てのシャンマル族、ムタイル族などを巻き込んで相互に殺戮と略奪を繰り返したが、結局一七九五年、大戦闘の末、サウード家側が勝利した。

当時、シリアからやってくる巡礼団はオスマン・トルコのスルターンからの下賜金を運搬し、楽隊が随行し華々しく行進してくる一隊であった。このためスルターンの名代であるダマスカス総督にとっては重要な巡礼団であった。しかし「ワッハーブ宗」から見ると、神に思いを捧げる行にとって音楽や歌は気をそらすものであり、こうした巡礼団は華美で下卑た人々であった。このため、巡礼団のメッカ入りは禁じられてしまった。こうしてサウード軍によるカルバラーやターイフにおける相次ぐ殺戮・掠奪事件、さらに一八〇三年のメッカ占領、イラクやシリアへの襲撃などの結果、スルターンの怒りは絶頂に達していたが、シリア巡礼団のメッカ入りを阻止され、イスラーム世界のカリフであり、メッカとメディーナ両聖地の守護者でもあったスルターンにとって、もはやサウード家の挑戦を見逃しておくことは出来なかった。

スルターン、マハムード二世は一八一一年夏、エジプト・カイロ総督ムハンマド・アリーを討伐軍の総大将に選任した。遠征軍の指揮官にカイロ総督の次男アハマド・トゥースーンが任命され、一万四千人のトルコ、モロッコ兵から成る大砲、臼砲など近代兵器を装備した本隊が派遣された。これに対し、サウード家側は一万八千人の遊牧民や農民の部族軍だった。その後、二年間の戦闘でエジプト軍は「ワッハーブ宗」側からメディーナ、メッカを奪回、ターイフも陥落させたが、「ワッハーブ宗」教徒のサウード家側を服従させることが出来なかった。このため、ムハンマド・アリーは再び、長男イブラーヒームを指揮官とする遠征軍を派遣、一八一六年秋、獲物で釣ったハルブ、ムタイル、オタイバ、アナザなどの遊牧民部族を味方につけ、ナジド地区の要衝を次々に陥落させた。ダルイーヤ側の城はイブラーヒーム軍の大砲や攻城機械によってもろくも破壊された。

こうして、当時イスラーム世界最強を誇ったイブラーヒーム軍は一八一八年三月から「ワッハーブ宗」の拠点、ダルイーヤに対して、六ヵ月間にわたる攻防戦を展開、ダルイーヤ側は降伏を余儀なくされた。ダルイーヤ陥落直後、首長アブドゥラーと二人の従者はカイロ経由でイスタンブールへ連行され、いずれもカリフに背いた反逆罪として斬首刑に処せられた。イブラーヒームは一八一九年六月ダルイーヤを徹底的に破壊した後、カイロへ帰還した。イブラーヒームはナジドを離れるに際して、サウード家および「ワッハーブ宗」の始祖イブン・アブドゥルワッハーブ家の一族四百人以上をカイロに強制連行した。これによりサウード家の四人四代の首長による約七十年間の支配、いわゆる「第一次ワッハーブ王国」は終焉を迎えたのだった。

第二次ワッハーブ王国

エジプト遠征軍の総大将イブラーヒームがダルイーヤを徹底的に破壊した結果、サウード家の再興はもはや無理だろうと考えられた。だが、骨肉相食む闘争を繰り広げながら、またまた不死鳥のように蘇っていく。

「第二次ワッハーブ王国」といわれる時期は一八二四年十二月、トルキー・イブン・アブドゥ

支　配　者	期　間
トルキー・イブン・アブドゥラー・イブン・ムハンマド	1824–1834
ファイサル・イブン・トルキー（1期）	1834–1838
ハーリド・イブン・サウード	1838–1842
アブドゥラー・イブン・スナイヤーン	1842–1843
ファイサル・イブン・トルキー（2期）	1843–1865
アブドゥラー・イブン・ファイサル（1期）	1865–1871
サウード・イブン・ファイサル（1期）	1871
アブドゥラー・イブン・ファイサル（2期）	1871–1873
サウード・イブン・ファイサル（2期）	1873–1875
アブドゥルラハマーン・イブン・ファイサル（1期）	1875–1876
アブドゥラー・イブン・ファイサル（3期）	1876–1889
アブドゥルラハマーン・イブン・ファイサル（2期）	1889–1891

第二次ワッハーブ王国サウード家の支配者

ラーがリヤードを新首都とし、ナジド中央部でサウード家再興を実現した時期から、一八九一年、本章の冒頭に登場したアブドゥルラハマーン親子がリヤードから追放されるまでの六十七年間である。この間、繰り広げられたのはサウード家の権力掌握、失墜、再度の権力掌握というパターンで、「第一次ワッハーブ王国」の時代同様、あるいはそれ以上に激烈な権力闘争が展開され、七人十二代の首長が登場した。エジプト軍がなお駐屯していたダルイーヤを含めナジド各地は荒廃し、住民は飢餓に苦しむなど悲惨極まりない状況に陥っていた。人々はサウード家再興を不可能と考えたが、かつての地方首長たちやサウード家の姻戚筋に当たる人々が新たな支配者たらんとして続々と姿を見せ始めた。

そうした中でサウード家のほぼ直系に当たるトルキー・イブン・アブドゥラーは姻戚筋の野心家たちとの

権力闘争やエジプト駐留軍との戦いをかいくぐった後、リヤードから駐留軍を全面撤退させた。こうしてダルイーヤ陥落から約十年経った時点で、トルキーはサウード家再興を実現したが、それはナジドの中心地域に限られ、かつての全盛時代の領域にはほど遠かった。このため一八三〇年三月、領土拡大を目指すトルキーの部隊は「タウヒード」の旗を掲げてアル・ハサ地方のバニー・ハーリド族を大敗北させ、その結果サウード家は東部アル・ハサに支配権を確立することに成功した。だが、トルキーは支配地域が東部に広がりつつあった一八三四年五月、サウード家傍系の男の雇った刺客によって暗殺されてしまった。トルキーの後継首長にはファイサル・イブン・トルキーが就任した。ファイサルは三十一年間にわたって統治したが、初期にはエジプトの干渉を受け、また部族や地方首長の反乱に対処しなければならなかった上、治世のうち五年間を、エジプトでの虜囚生活に甘んじなければならなかった。

サウード家の再興が進んでいた中、エジプトのムハンマド・アリーは再びナジド征服の野心を抱き、一八三七年五月、アリーのエジプト軍は容易にリヤードを占領した。ファイサルはエジプト軍の捕虜としてカイロへ送られた。ナジド制圧に成功したエジプトは東部のガルフ地域のアル・ハサ、オマーン、バーレーン、クウェート方面にも勢力を拡大しようと試みたが、強大な存在を誇示するようになっていたイギリスの牽制を受け、一八四一年七月のロンドン協定でエジプト軍はアラビアから最終撤退することになった。

この後もサウード家内での権力闘争が厭きもせず続いたが、間もなくカイロで虜囚の身だったファイサルが弟ジルーウィーらとともにエジプト脱出に成功、一八四三年五月、第二回目の統治を開始した。彼の再度の統治は「近代アラビア史の出発点」とされるが、彼は首長（アミール）としての立場からよりも、イスラーム共同体の指導者として宗教的な意味合いの強いイマームとしての立場からこの地域を統治した。

アラビアの支配者にとって、統治がうまく行くかどうかは各地に跋扈する、移り気で、獲物の多寡によっていつでも裏切り行為に走る遊牧民部族をいかにして統制し、うまく活用するかにかかっていた。ファイサルにとっても同じであった。そもそもはアラビア半島南西部の部族だったアジマーン族はファイサルの父親トルキーがエジプト軍に追われていた時代、父親をかくまい、族長の娘を父親の妻にさせたことがあり、ファイサルの弟ジルーウィーはその子供であった。しかし、その後アジマーン族は半島中央部に移り、サウード家に反抗するようになっていた。

アル・ハサを中心にした東部地域での支配権再確立を目指したファイサルは十九世紀半ばまでに、ダンマーンの支配を回復した。ファイサルは一八六五年六月、長子アブドゥラーを後継者に任命し、それから半年後、三十一年間の長い治世の後、他界したが、この死は「不和と内紛の時代への幕開け」となった。ファイサルの息子たちは首長位をめぐって想像を絶するような骨肉相食む兄弟喧嘩を繰り広げたからだ。とくに三男サウードは二人の兄たちに反抗し、首長になる野望を抱いた。ちなみにサウードは母親と妻の一人がサウード家に反抗的なアジマーン族出身だった。一八七一年四月、サウードはリヤードを占領し、首長に就任した。長兄アブドゥラーは南部のカハターン族のもとへ逃れた後、反逆者である弟との戦いを進めるに当たって、これより約三十年前にヒジャーズを再占領していたオスマン・トルコに加勢を求めた。介入には絶好のチャンスと見なしたオスマン・トルコは一八七一年五月、大軍をアル・ハサ地区に上陸させ、続いてその大部分を完全な支配下に置いた。こうしてファイサルの息子たちは兄弟間の権力闘争で、東部の支配権を失ってしまったのである。

一連の争いはなおも続き、首長は目まぐるしく交代したが、一八七五年一月、反逆者サウードが死去したことで争いは終止符を打つかに思われた。しかし、争いは反逆者の遺児五人をも巻き込み、なおしばらく続いた。一八七六年三月、長兄アブドゥラーがリヤードで三回目の首長に復位したが、ファイサル死後の十一年間にリヤードの首長は実に八回も交代している。リヤードは荒廃の頂点に達していた。

こうしたサウード家一族同士の権力闘争が熾烈となっていた時期に、北方で隆盛を極めていたのが本章の冒頭で触れたイブン・ラシード家であった。今や、サウード家に代わってナジド全域を支配するようになっていた。

一八八七年十一月、一年前にリヤードを追われ、南東のハルジ地区にいた反逆者の遺児たちが再びリヤードを攻撃し、首長アブドゥラーを捕らえ投獄した。その直前に首長はイブン・ラシード家に救援を求めていたが、イブン・ラシード側も落ち目のサウード家から残っていた領土をかすめ取るには絶好のチャンス到来と見なし、大軍をリヤードへ派遣した。首長は牢獄から救出され、イブン・ラシード家の本拠地ハーイルへ送られた。イブン・ラシードは残忍な人物として知られる部下のサーリムをリヤード代官に任命した。代官は反逆者を追跡し、サウードの遺児たち三人を捕らえ殺害した。一方、サウード家の末弟アブドゥルラハマーンはイブン・ラシード家の承認を得て新首長に就任したが、イブン・ラシード側は新首長の監視役として、残忍だったため一時代官を更迭されていたサーリムを再び送り込んだ。

一方、カスィーム地区をめぐる紛争でイブン・ラシード家は四十日間にわたってリヤードの城を包囲したが、陥落させることができず、和平交渉に持ち込まれた。その結果、サウード家のアブドゥルラハマーンはイブン・ラシード家に従属はするが、首長位を保持することができた。この交渉の際、サウード家側の一員として首長の息子アブドゥルアジーズが加わっていた。当年十歳の少年であった。

リヤード攻略に失敗したものの、イブン・ラシードは、一八九一年一月、カスィーム地区ムライダの戦闘で大勝利を収めた後、リヤードを占領し、代官にアジュラーンという人物をハーイルから呼んで任命した。こうしてイブン・ラシード家は今やナジド全域を思いのままに支配することができるようになった。この結果、アブドゥルラハマーンはじめ息子のアブドゥルアジーズら「ワッハーブ宗」のサウード家一族は砂漠での流浪生活を送ることになった。第二次「ワッハーブ王国」の閉幕であった。

捲土重来

さて、こうして物語は再び二十世紀初め、弱冠二十二歳で故郷リヤードを奪回し、新首長に就任したアブドゥルアジーズを中心とするドラマに戻っていく。

アブドゥルアジーズが新首長になってからわずか三ヵ月後、早くもイブン・ラシード軍がリヤード包囲作戦を展開したが、これは失敗に終わった。その後、カスィーム地区をめぐって、両軍の戦いが続き、アブドゥルアジーズは時としてイブン・ラシード側を支援するオスマン・トルコ正規軍をも相手にしなければならなかった。一九〇四年九月から十月にかけてのブカイリーヤの戦いで、サウード軍はオスマン・トルコ正規軍に大勝利を収めた。その後双方の交渉により、オスマン・トルコ軍はイラクとメディーナの駐屯地へ撤退した。

一九〇六年四月、カスィームの中心地ブライダでサウード家とイブン・ラシード両軍が三たび激突。この戦闘でイブン・ラシード家の首長であり総大将だったアブドゥルアジーズ・イブン・ムトイブが最期を迎えた。サウード家のアブドゥルアジーズは戦死した首長の後継者との交渉で、アラビア半島中央部の分割で合意、この結果、サウード家はカスィーム地区以南の支配権を握ることになった。

しかし、オスマン・トルコ軍はカスィーム地区からの撤退後も、相変わらず東部アル・ハサ地方を占領していた。さらにサウード家は反逆的なムタイル部族などの抵抗を鎮めなければならなかったばかりか、西部に登場してきた有力人物の挑戦に直面することになった。この人物は、預言者ムハンマドが属したハーシム家の後裔で、シャリーフと称せられたフセイン・イブン・アリーだった。叔父と対立し、十九世紀以来長らくイスタンブールで亡命生活を送っていたが、オスマン・トルコによってメッカ知事（アミール）に任ぜられ、一九〇八年十二月、聖地に着任した。フセインはアラビア半島全域で影響力を拡大しようとして、ナジドにも目を付けており、一九一〇年、早くもナジド中央部への攻撃を仕掛けている。

アブドゥルアジーズ・イブン・ムトイブ

一方、オスマン・トルコの脅威を牽制するため、アブドゥルアジーズは既に一九〇三年から一九〇六年にかけて大国イギリスに接触を試みたが、当時、イギリスは動かなかった。この結果、一九一三年五月、アブドゥルアジーズは八千人の部隊でアル・ハサへ進撃、同地のホフーフに駐屯していた千二百人のオスマン・トルコ軍を降伏させた。アブドゥルアジーズはアル・ハサ知事に父親の従兄弟であるアブドゥラー・イブン・ジルーウィーを任命した。ジルーウィーはイスラーム・シーア派住民が大多数を占めた同地区で、その後死ぬまでの四半世紀間、統治の責任者を務めることになったが、厳しい対住民政策を実施したため「鬼のジルーウィー」と恐れられた。

イフワーン運動

ところで、サウード軍によるアル・ハサ奪取と相前後して、ナジドでは、ある宗教運動が勢いづき始めていた。そもそも全く資源のないナジドであったが、このころの地域内の経済状況は極めて悪く、定住民も遊牧民もわずかに収穫されるナツメ椰子でかろうじて生活していた。ラクダを利用しナジドを東西南北に移動する遊牧民の「輸送業」は一八六九年のスエズ運河開通や自動車の普及もあり、下降線を辿っていた。生活のためには遊牧でなく、農業に重点を移し替える必要が生じていた。

こうしたなかで、リヤードのイスラーム法学者を中心に「イスラーム教徒はすべて同胞である」「イスラーム教徒は神の前ではすべて平等である」とする「同胞団（イフワーン）運動」が広まってきていたのだ。この運動は、オアシスに農業入植地を建設し、そこに遊牧民を定住させ、共同生活を営ませ、イスラームを厳格に遵守させ、信徒相互間の扶助、イマームとしての首長への絶対的服従などを求め、入植者には農作業のほか軍事訓練も施すというものであった。宗教家たちの教えに共鳴したムタイル族とハルブ族の約五十人とその家族が一九一三年一月、クウェートとカスィームとを結ぶ隊商ルート沿いのオアシス、アルタ一ウィーヤに移り定住した。アラビア半島で最初の入植地であった。

この話を聞いたアブドゥルアジーズはこれを歓迎し、資金援助をおこない武器を支給した。もともと遊牧民は農作業を軽蔑していたから、農作業は能率的に進まなかったが、組織としての軍事集団を持っていなかったアブドゥルアジーズにとっては、その後の領土拡大を進める上で大いに利用できる集団となった。アブドゥルアジーズは、かつての「第一次ワッハーブ王国」建設と拡大の過程で「ワッハーブ宗」が果たした役割と同じ力をこのイフワーン運動に期待したのである。アルタ一ウィーヤの規模はやがて一万人にも達し、さらにオタイバ族を中心にしたガトガトという入植地もでき、ナジド各地には各遊牧民部族の入植地が相次いで建設された。一九二〇年の総数は五十二（入植者数六万人）に達し、一九二三年には七十二（入植者数七万五千人）にも膨れ上がった。

アブドゥルアジーズはそれまでの経験から、遊牧民部族が御しがたく、戦闘の際には戦利品の規模と分配次第で、いつでも裏切り行為に走ることを知っていたので、このイフワーン運動を通じて部族体制の解体も狙っていたようだが、結果的には部族別に入植地が編成されたため、部族の族長が入植地を本拠地とするようになった。アルターウィーヤ村はムタイル族族長ファイサル・アル・ダーウィーシュの、ガトガト村はオタイバ族族長スルターン・イブン・ビジャードの根拠地になった。

アブドゥルアジーズは「これらの入植地では、十五年間にわたって、信仰はしっかりと守られた。だがその間に、彼らの富と繁栄が彼らを思い上がらせ、得られたすべての勝利が、彼ら自身の武勇と善行の成果であったと、自賛するまでに至った」と述べているが、やがて彼らはアブドゥルアジーズに対して反旗を翻し、滅ぼされてしまう。アブドゥルアジーズとイフワーン運動との関係については、ある説は彼が最初から最後までこの運動を信頼していなかったと述べ、一方反体制的立場の説はアブドゥルアジーズ自身がイフワーン運動の狂信的戦士グループを代表していたばかりか、自らガズウ（掠奪）にコミットしていたとさえ指摘している。

第一次大戦下のアラビア

一九一四年八月、第一次世界大戦が勃発、十一月にはオスマン・トルコもドイツ、オーストリア側に立って参戦、スルターンはイギリス、フランスなどに対しジハード（聖戦）を宣言した。

ところで、大戦勃発までのイギリスの対ガルフ地域政策は二本立てとなっていた。すなわち、本国外務省がオスマン・トルコを刺激することは、その背後にドイツがあり危険であると考える現状維持政策であったのに対し、「インドへの道」を重視していた植民地インド帝国は、大勢力となりつつあったサウード家との関係を強化する必要性を唱え、ガルフのブシェールに政務長官を置き、そのもとにクウェート、バーレーン、マスカットに政務官を配置していた。

しかし、オスマン・トルコ参戦によって、イギリス本国も次第に政策変更を迫られていった。

一方、オスマン・トルコ参戦後、イブン・ラシード家はオスマン・トルコ支持を明白にした。また、オスマン・トルコは半島西部メッカのシャリーフ、フセイン・イブン・アリーに聖戦支持を迫っていたが、シャリーフはトルコへの回答を引き延ばしながら、翌年からイギリスのカイロ駐在高等弁務官マクマホンとの往復書簡で、オスマン・トルコに対する反乱にコミットすることになった。そうしたなかで、アブドゥルアジーズは当初、不介入の立場をとりつつも、交戦国双方からの働き掛けを天秤に掛けていた。

一九一五年一月、イギリスのクウェート駐在政務官シェークスピア大尉はリヤードを訪れ、アブドゥルアジーズに協力を要請した。イギリスとの条約締結を前提にした上で、アブドゥルアジーズはイギリス側の要求に応じ、同月末、オスマン・トルコと密着しているイブン・ラシード軍と激突したが、結果は引き分けに終わった。

一九一五年末、イギリスのパーシー・コックス政務長官とアブドゥルアジーズはカティーフで条約に調印した。その内容はイギリス側が、①戦後に固まる予定の領域内でのサウード首長国の独立を承認すること、②外国からの侵略に対して安全の保障を行うこと、③アブドゥルアジーズはガルフのイギリス保護国を攻撃しないこと——などを盛り込んでいた。ただし、この条約にはナジドの西部境界線の問題が全く触れられていなかった。当時、イギリスはメッカのシャリーフ、フセインとも秘密交渉をおこなっていたが、コックスはアブドゥルアジーズにその事実を明かさなかったのである。ともあれ、イギリスとの条約締結の見返りに、アブドゥルアジーズは翌年から月に五千イギリス・ポンドの補助金の交付を受けることになった。

一九一六年六月、シャリーフ、フセインはオスマン・トルコに対する「アラブの反乱」に決起した。反乱軍は七月、メッカ、ジェッダのオスマン・トルコ軍を降伏させ、九月にはターイフも陥落させた結果、メディーナを除くヒジャーズ地方全域からオスマン・トルコ軍を追い払った。フセインはまず「ヒジャーズ王」を名乗り、次いで十月には「アラブ国王」を宣言する。アブドゥルアジーズはこれに反発したが、フセインの反乱軍は翌年末までにアカバのオスマン・トルコ軍守備隊を破り、エルサレムにまで進撃した。

しかし、ここでフセインは列強の密約に驚愕する。一九一七年十月、ロシア革命政府は、イギリスとフランスが大戦終結後にメソポタミアとパレスチナを含む大シリアを両国間で分割するという秘密合意（一九一六年の有名なサイクス・ピコ条約）を結んでいたことを公表したのである。それればかりでなく、十一月にはイギリスはパレスチナに「ユダヤ人のナショナル・ホーム」樹立を約束するバルフォア宣言を公表し、「アラブの反乱」陣営にさらにショックを与えた。

シャリーフの三男ファイサル率いる反乱軍は一九一八年九月、シリアのダマスカスに入城、ファイサルはシリア国王就任を宣言し、アラブ政府を樹立した。ところが、サイクス・ピコ秘密条約によって、フランスはシリアを支配地域とすることになっていたため、二年後にはファイサルはダマスカスから追放されてしまう。

一方、この間イギリスは、クウェート駐在政務官ハミルトンを団長とする使節団をリヤードへ派遣し、アブドゥルアジーズにオスマン・トルコの同盟者イブン・ラシード家に対する攻撃を迫っていた。同使節団にはセント・ジョン・フィルビーも含まれ、フィルビーはその後もリヤードにとどまり、後にアブドゥルアジーズの政治顧問に就任することになる。

そのころ、アブドゥルアジーズは、ナジドとヒジャーズとの西部境界にあるフルマー村をめぐってシャリーフ、フセインと激しく対立していた。

一九一八年五月から七月まで三回にわたって、フセインはアブドゥルアジーズ支持のフルマー支配者（「ワッハーブ宗」信徒）に攻撃を加えた。一方アブドゥルアジーズ側はフセインがイブン・ラシード家と同盟関係を結び、自分を挟み撃ちにする動きにあることを察知し、イブン・ラシード家攻撃を始めていた。ところが、攻撃の帰趨が定まるまえに、一九一八年十月末、イギリスなど連合軍とオスマン・トルコ軍との休戦協定が成立、四年間続いた世界大戦が終結した。メディーナに籠城していたオスマン・トルコ軍守備隊も翌年一月元日、ついに降伏した。

アラビア半島の覇権をめぐる勢力図は大戦後もめまぐるしく変転する。

大戦終結にともない、メディーナに張り付けとなっていたフセインの部隊は任務から解放され、戦力をアブドゥルアジーズに向けることができるようになった。フセインは、フルマー村占領のため、次男アブドゥラーを指揮官とする重装備の部隊五千人を派遣したが、一九一九年五月、部隊は途中ターイフから約五十キロメートルのトラバで野営中、イフワーン軍に急襲され、壊滅的敗北を喫し、指揮官アブドゥラーはかろうじて脱出してヒジャーズへ逃げ帰った。

ほどなくアブドゥルアジーズは大軍を率いてトラバに到着したが、こちらもイギリスからの圧力を受けリヤードに撤収した。ただし、アブドゥルアジーズはトラバを領土に編入し勝利を確固たるものにしている。

アブドゥルアジーズは、イフワーン軍が正規軍ともいうべきフセインの次男アブドゥラー軍を撃破したことで自信を強め、やがてはヒジャーズの支配者シャリーフ一族を打倒することが出来ると考えていた。そんな折り、ヒジャーズ地方の南、イエメンとの間に位置するアシール地方のいくつかの部族代表がナジドのアブドゥルアジーズを訪ねてきた。

アシール地方は地元豪族が長らく支配していたが、一八七一年以降、第一次世界大戦まではオスマン・トルコの直接統治を受けていた。ところが、大戦の終結により、オスマン・トルコ軍が撤退すると、その豪族は実権を掌握し圧政を敷き始めた。この地の部族はイスラーム・シャーフィー派の信徒が大多数であったが、「ワッハーブ宗」に好意を抱いていたため、豪族の圧政に対抗すべくナジドの介入を求めてきたのだった。

一九二〇年五月、アブドゥルアジーズは約三千人のナジド軍をアシール山岳地帯に派遣、豪族軍を壊滅させてアシール山岳地帯を領土に併合した。その後間もなく、シャリーフ、フセインが豪族に武器、兵員を援助したため再び豪族一族の反乱が起きたが、アブドゥルアジーズは一九二二年九月、大軍を派遣しアシール山岳地帯をすべて占領した。

一方、アブドゥルアジーズは、この間、別の二つの問題に頭を悩ませていた。

第一の問題は、一九二〇年に入ってから頻発したナジドとクウェートの境界線をめぐる争いだった。十月になると、アブドゥルアジーズのイフワーン部隊（ムタイル族）はイブン・ラシ

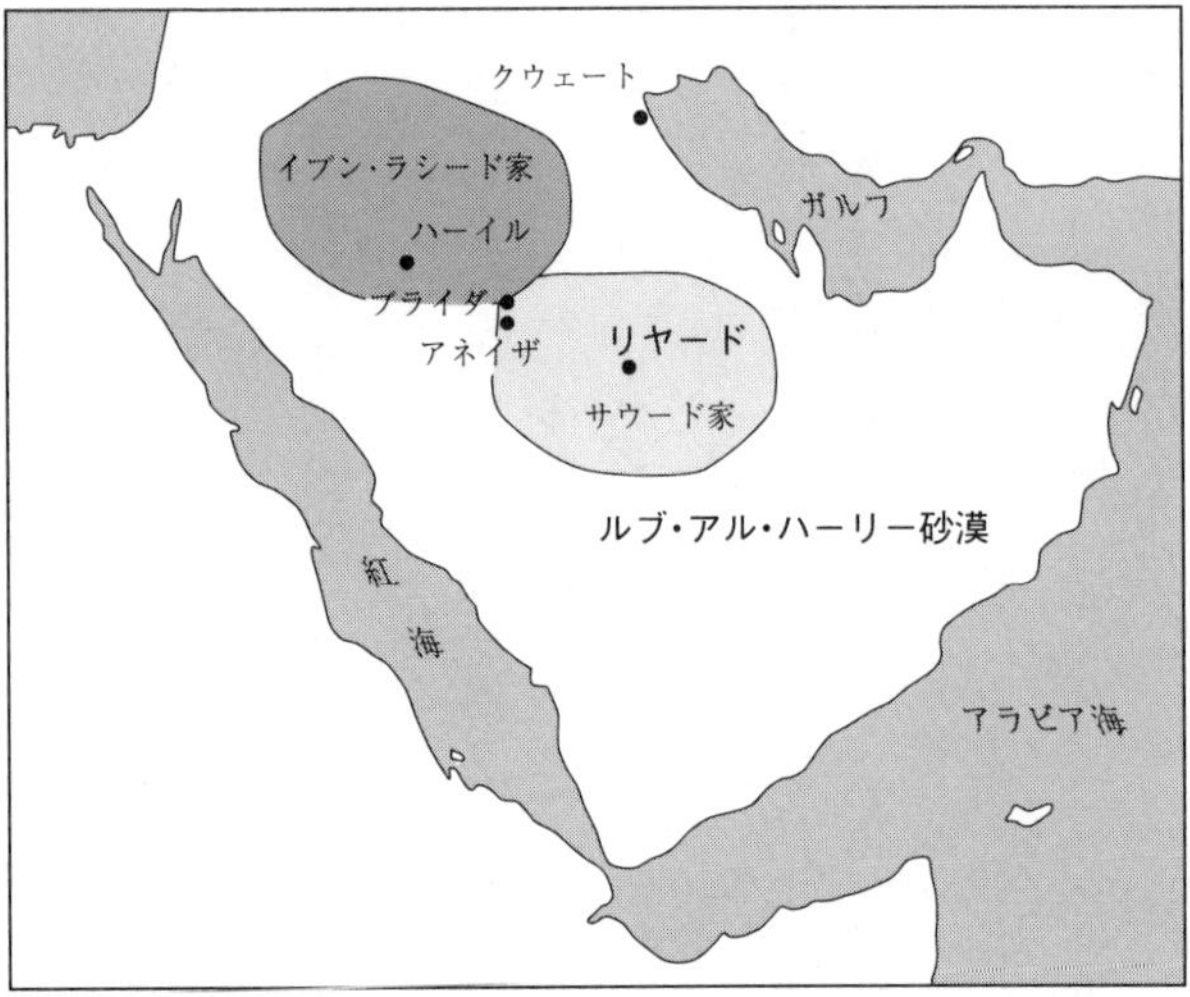

アブドゥルアジーズの初期の征服

ード家に加勢を求めたクウェート軍と激戦を展開した。アブドゥルアジーズはこのクウェートとの紛争で、ナジド北部のイブン・ラシード家がなおも脅威であることを実感し、これを破らなければ、砂漠の覇者にはなれないことを認識した。

また、「アラブの反乱」に決起したシャリーフの三男ファイサルが一九二一年からイギリス委任統治下のイラク国王に就任することになり、イラクが隣接するイブン・ラシード家の土地を領有しかねない状況となった。さらに、フセインの次男アブドゥラーは、フランスに支配され始めたシリアを攻撃するため、メッカからアンマンへと部隊を進めていたが、イギリスはこのアブドゥラーを買収し同年、トランスヨルダンの首長に推戴した。いずれにしても、アブドゥルアジーズは即刻イブン・ラシード家にとどめを刺さなければ、すべてが手遅れになるとの思いを募らせていた。

一九二一年四月、アブドゥルアジーズは大軍一万人でイブン・ラシード家の本拠地ハーイルを攻撃、十一月まで長期間、包囲した。その間、六月にリヤードでナジドの有力者、族長、宗教家を集め、それまでの「サウード侯国の首長」という呼称を「ナジドと属領のスルターン」に代えることを提案し、支持された。当時の国際情勢の中で、メッカのシャリーフの息子たちが次々に近隣の国の支配者となっていく中で、アブドゥルアジーズもその国際的地位を高めることを狙ったと考えられる。

こうした動きを挟んだ後、十一月にはハーイルで籠城中のイブン・ラシード家に最後の一撃を加え、ついに無条件降伏に追いこんだ。この結果、アブドゥルアジーズの「ナジド・スルターン国」はその領土にシャンマル地区を併合し、アラビア半島中央部をすべて支配下に置くことになったが、三方面をメッカのシャリーフ一族の国々（フセインのヒジャーズ、ファイサルのイラク、アブドゥラーのトランスヨルダン）と隣接することになった。しかし当時「ナジド・スルターン国」と、これら三国との国境は依然として未画定のままであり、紛争はいつ起きても不思議ではなく、争いの火種はなお残っていたのである。

注＊**部族**　十八世紀初めに、アラビア半島各地には十七の主要部族が存在した。それらは、北部にルワラ支族(名門のアナザ部族)、北東部にアマラート支族(アナザ部族)、アワージム族、北部にシャンマル族、北中部にムタイル族、中部にスベイウ族、サフール族、中西部にオタイバ族、ダワーシル族、西部にハルブ族、西南部にカハターン族、ブクーム族、南部にアール・ムッラ族、東部にバニー・ハーリド族、アジマーン族、バニー・バージル族、東南部にマナーシル族であった。

内陸部では十九世紀半ばまで、遊牧民部族が住民全体の三分の二を占め、定住民よりも多かった。アラビア半島では二十世紀に入るまでも、遊牧民が大多数で、その他にオアシスの小さな町や村の人々で構成されていた。遊牧民も村落民もともに、拡大家族を核にした部族社会のもとで生活していた。そこでは血筋・家系がもっとも重要であり、血のつながりあった拡大家族(通常、家長である祖父、その息子たち、孫たちを中心にした三世代五親等までの血族)はもっとも大切にされる。それほどに部族意識は根強かった。

第3章　ヒジャーズ征服

最後の戦い

一九二一年から二二年にかけて、ナジド側とイラク側とを行き来する遊牧民同士の衝突が発生、これがナジドのイフワーン軍とイラク警備隊との戦闘に拡大した。

イラク駐在イギリス高等弁務官コックスは委任統治国イラクの安定のため、ナジドとイラク間の国境線を画定する必要を感じた。一九二二年五月、コックスはムハンマラで双方の代表を参加させ、イラクとナジドとの国境線を画定する「ムハンマラ条約」に調印させた。しかし、アブドゥルアジーズは条約がナジド側遊牧民の古くからの放牧権を認めていないことを理由に、批准を拒否した。このためイギリスの工作で、同年十一月から十二月にかけ、アル・ハサの港町ウカイルでアブドゥルアジーズとコックス、それにイラク、クウェートの利益代表が参加、改めて「ウカイル議定書」に調印した。これは「ムハンマラ条約」の付属文書で、ナジドとイラクとの国境画定、双方の遊牧民が放牧権を持つ中立地帯の設置などを規定した。このほか、ナジドとクウェートも中立地帯の設置を含めた国境画定で合意した。

続いて一九二三年十二月、イギリスはクウェートでナジドとトランスヨルダンとの国境画定に関する会議を招集したが、これにはヒジャーズ代表が不参加だったほか、各代表の意見に隔たりがあって中断、翌年再開後も成果なく閉幕した。ヒジャーズ王フセインはイギリスの誘いに乗って「アラブの反乱」に決起したものの、結局、第一次世界大戦の後始末を付けるベルサイユ条約で、イギリスとフランスがパレスチナとシリア、イラクをそれぞれの委任統治下に置いた結果、自分が騙されたことを知り、ベルサイユ条約調印を拒み、イギリスからの懐柔提案をことごとくはねつけていた。一方フセインに対しそれまで年間百二十万ポンドの補助金を交付してきたイギリスは、年間六万ポンドに減額する仕打ちを行った。困ったフセインは増税、とくに聖地巡礼者に対する通行税の増額を行った。そうした中、遊牧民部族も巡礼者への襲撃、掠奪を行うなど治安が極度に悪化した。

こうした時期にフセインはその後の歴史を転換させることになる重要事にコミットし、没落の道を辿ることになった。一九二四年三月、トルコ共和国国民議会は既にオスマン・トルコ帝国の解体によって名ばかりになっていたカリフ制度の廃止を決定した（トルコの新指導者ケマルは一九二二年十一月、オスマン・トルコ帝国のスルターン、アブドゥル・マジード・ハーンを廃位したが、兼務のカリフ位だけは保持させた）。ところが、カリフ制度廃止の決定から二日後、フセインはカリフ就任宣言の公表に走った。これに対しイスラーム世界はことごとく強い非難を浴びせた。ナジドの反発はことのほか激しく、アブドゥルアジーズは今こそヒジャーズ攻撃によってフセインを打倒する絶好のチャンスであると考えた。同年夏、リヤードに集まったイフワーン指導者たちにヒジャーズ攻撃計画を図ったところ、熱烈に歓迎された。

　こうして、「ナジド・スルターン国」は大掛かりなヒジャーズ進攻作戦を開始することになった。一九二四年九月、オタイバ族のスルターン・イブン・ビジャード率いるガトガト入植地のイフワーン部隊が他のイフワーン部隊とともに、メッカに近いターイフに向かい、防衛に当たっていたヒジャーズ部隊と交戦した。指揮官であったシャリーフ、フセインの長子アリーは凶暴なイフワーン軍に恐れをなし、命からがらメッカ目指して逃走した。イフワーン軍は鬨《とき》の声を上げてターイフ市内に突入、老若男女数百人を殺害したばかりか、掠奪行為をほしいままにした。イフワーン軍による残虐行為の知らせはメッカとジェッダをパニック状況に陥れ、一方リヤードにとどまり戦果を待っていたアブドゥルアジーズを驚かせた。彼はこのようなイフワーン軍の行動に

シャリーフ、フセイン・イブン・アリー

よって、イギリスが介入するのではないかと憂慮し、これ以上の残虐行為をやめ、また自分が現地に到着するまではメッカへの進撃をとどまるよう命じた。

ターイフ陥落を知ったフセインはメッカ死守を覚悟し、イフワーン部隊を撃退するためイギリスに航空機の派遣を要請したが、断られてしまった。一方、長子アリーはターイフから命からがら父王のいるメッカを避け、ジェッダへ逃げ帰ったが、有力者をはじめ住民はもはやフセインに愛想をつかしていた。フセインとアブドゥルアジーズとの和解が難しい状況にあり、有力者たちはフセインを退位させ、長子アリーをヒジャーズ王に就任させる以外に解決の道は残されていないと判断していた。一九二四年十月三日、有力者たちは、この旨の退位要求書をフセインに提出した。怒り狂ったフセインも結局のところ、要求書にサインし、翌日アリーが新国王に就任した。十六年間に及ぶ統治の後、メッカを去ったフセインはジェッダから船に乗って寂しくアカバへ向かった。

フセインが去った後、アリーはジェッダ防衛を強化するため、アラブ各地から傭兵を集め、兵器・弾薬を調達、また聖地メッカの駐屯部隊も引き揚げさせた。この結果、メッカは無防備状態に置かれ、周辺の遊牧民部族が掠奪目当てに市内に流入し始めた。ターイフでメッカ情報をつかんだイフワーン部隊はアブドゥルアジーズの命令でメッカ進撃を足止めされていたが、急遽メッカへ進入し、なんなくこれを占領した。イギリスの介入をなお恐れていたアブドゥルアジーズはリヤードで「形勢傍観」を決め込んでいた。しかし、イギリスをはじめ諸外国がヒジャーズとナジドとの紛争には不介入の姿勢であることを知ると、一九二四年十一月、アブドゥルアジーズはようやくリヤードを出発、ターイフを経由した後、十二月初め白衣の巡礼衣装に身を包んでメッカ入りし、直ちに大モスクで祈りを捧げた。リヤードの大軍接近で、ジェッダのアリーはもはや軍事対決を不可避であると考え、ジェッダ周辺に有刺鉄線を設けたり、地雷を敷設するなど防衛を一層強化し始めた。

一九二五年一月三日、イフワーンを主力とするワッハーブ軍約五千人はついにジェッダ攻撃作戦を開始した。防衛側のアリー軍はエジプト、シリア、パレスチナなどからの傭兵を中心に約千人であった。アブドゥルアジーズは砲撃を加える一方で、長期間の包囲によって、アリー軍を降伏させる作戦をとったが、問題が一つあった。それはアカバへ追放されていた前ヒジャーズ王フセインが長子のアリー軍に資金を送り続けていたことである。このためアブドゥルアジーズはイギリスに対して、フセインのアカバ滞在が続けば、アカバを攻撃せざるを得ないと警告。これを受けイギリスは六月半ば、フセインをアカバからキプロスへ移送した。フセインはイギリスの口車に乗せられ「アラブの反乱」に立ち上がったものの、結果的には利用され、最終的には過酷な仕打ちを受けることになった。フセインを退去させた後、イギリスはアカバをイギリス委任統治領トランスヨルダンに加える措置をとった。

さて、ジェッダ包囲作戦が継続される中、巡礼の時期が過ぎると、イフワーン軍は再び砲撃を開始した。ナジド側のヒジャーズ併合が現実化しつつあったこの時期に、イギリスはジェッダ近くのアブドゥルアジーズ陣営に特使を派遣し、未決着だったナジドとイラク間、ナジドとトランスヨルダン間の国境画定を図ろうと接近してきた。その結果、一九二五年十一月初め、二つの協定が調印された。いずれも一方の国の部族が相手側の国に入り襲撃などを行った場合は侵略行為とされ、部族所属の国が処罰を行うこと、遊牧民には許可を得た上で、放牧のための越境が認められることなどの規定を盛り込んでいた。この結果、ナジドとクウェート、イラク、トランスヨルダンとの国境はすべて画定されることになった。

ジェッダ攻撃の開始直後に、アブドゥルアジーズはメディーナにもイフワーン部隊を送り、町を包囲させたが、町は食糧、水の補給がなく惨憺たる状況に陥っていた。このため町の代表は十二月六日、アブドゥルアジーズが派遣した息子ムハンマドに降伏した。こうして、アリー王にとって残された領土は包囲下のジェッダのみであった。アリーは既にイギリスの仲介で自分の弟であるイラクとトランスヨルダンの王がナジドとの国境画定を急いだこと、またメディーナが降伏したことによって、自分の運命はもはやこれまでと覚悟していた。十二月十七日、イギリス政務官の仲介でアリーが出した平和裡の出国と秩序だった占領などの条件をアブドゥルアジーズが受け入れたため、アリーはイギリス船に乗って、弟のいるイラクへ向かった。

十二月二十三日、アブドゥルアジーズはジェッダに入城、翌日には式典が行われ、ジェッダの有力者、ヒジャーズ軍などが忠誠の誓いを行った。ヒジャーズ住民の自由意思により、アブドゥルアジーズはヒジャーズ王に正式に推戴され、一九二六年一月八日には、メッカの大モスクで集団礼拝の後、「ヒジャーズ王およびナジドと属領のスルターン」に就任した。アブドゥルアジーズの政治顧問ジョン・フィルビーはその著『サウジ・アラビア王朝史』で次のように述べている。

「戦いは終わった。イブン・サウード（アブドゥルアジーズのこと）は輝かしい生涯の頂点に立っていた。以後彼が三十年近く統治することになるアラビアは、未曾有の統一を達成していた。統一された領土は、当時の国際環境下でなしうる最大領域まで拡げられており、彼の祖先が実質的に支配したどの領土よりも広大であった。（中略）人類の記憶上はじめて、アラビアは万人が尊敬出来る、また、尊敬した、一人の君主を得たのである」

宗教と婚姻と

このように、アブドゥルアジーズはナジドを統一した後、ついにヒジャーズも支配下に収めることになった。

砂漠のテントで成長し、そのメンタリティーも砂漠の遊牧民的価値観に裏付けられていたアブドゥルアジーズは、支配地を拡大して行く過程で、「比類のない砂漠的技術」（フィルビー）を駆使し、「ワッハーブ宗」の狂信的信徒だったイフワーンを巧みに操縦しながら、アラビア半島の覇者として頂点に登りつめたのである。

アブドゥルアジーズがナジド統一の過程において、戦国絵巻そのままに群雄割拠する各地の部族との戦いを繰り広げたことについては既に触れた通りであるが、その際に、友好的な、場合によっては敵対的ですらあった部族との間にも婚姻関係を築き、この関係を利用し支配地域の拡大を怠らなかった。今日、サウード家の支配に疑問を投げかける反体制的な論者は、アブドゥルアジーズが「セックスを政策の道具に変え、おそらくアラビア統一のために行った唯一の方法はベッドにおいてであった。一時期に四人の妻と、四人の妾、四人の女奴隷を持ち、欲望を満足させていたが、重要なのは彼が三十以上もの部族と婚姻関係を持っていることだ」と指摘する。

それはともかく、アブドゥルアジーズはアル・ハサのバニー・ハーリド族の娘をめとり、長男トルキーと次男サウードをもうけた。トルキーは夭折したが、次男はアブドゥルアジーズ死後、第二代国王に就任する。一九〇二年アブドゥルアジーズがリヤード奪回に成功した際に功績をあげたアル・ハサ地方の部族ジルーウィー家のアブドゥラー・イブン・ジルーウィーは、その後アル・ハサ全域の征服にも成功し、アル・ハサ知事に任命された。アブドゥルアジーズ

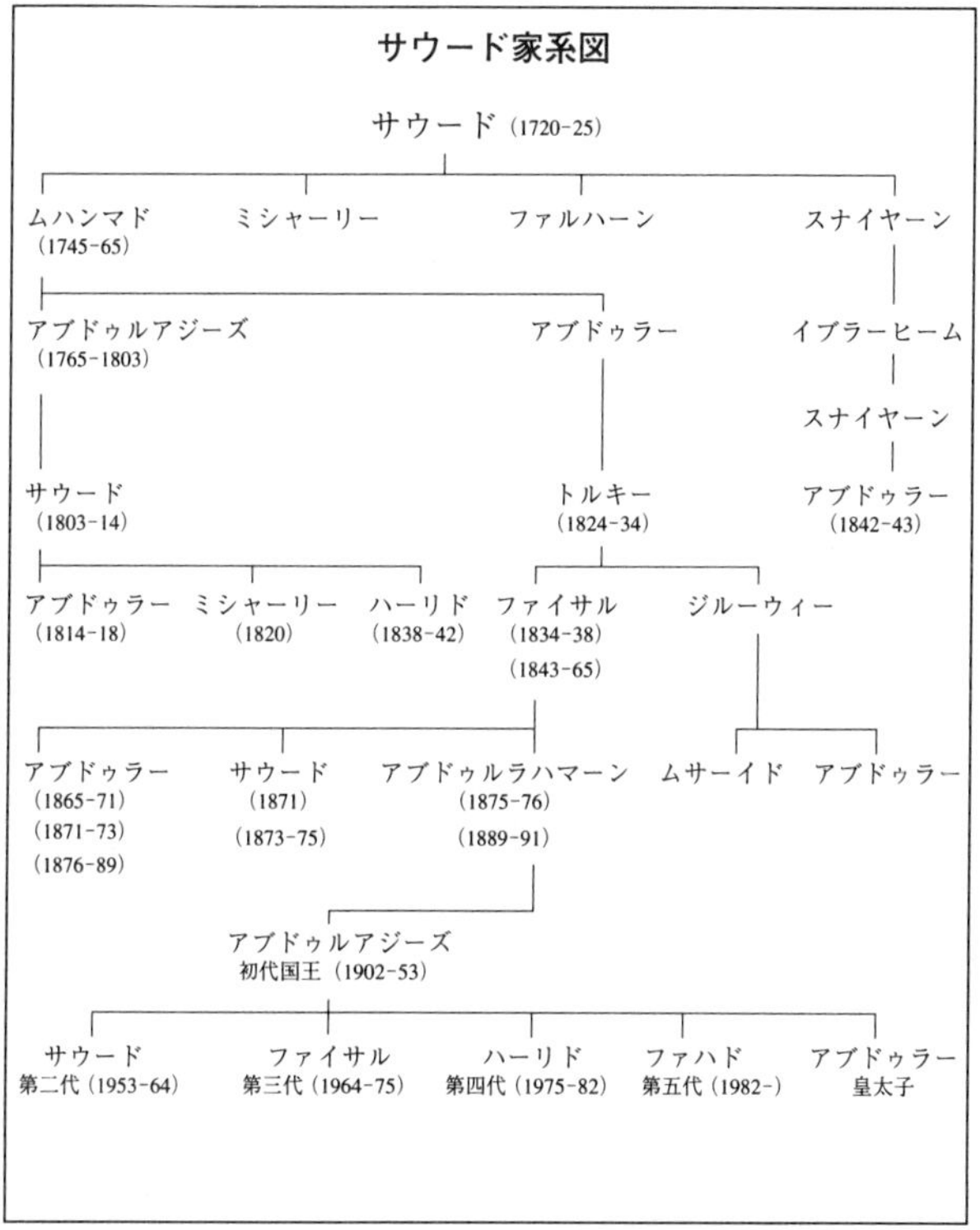

はそのジルーウィー家の娘ジョウハラ・ビント・ムーサイド・イブン・ジルーウィーをめとったが、その息子の一人がその後第四代サウジアラビア国王になったハーリドである。

アブドゥルアジーズはまた、祖先であるムハンマド・イブン・サウードが盟約を交わしたタミム部族のシェイク、ムハンマド・イブン・アブドゥルワッハーブの後裔であるアル・アル・シェイク家と姻戚関係を結び、権力固めの基本にした。アブドゥルアジーズと結婚したアル・アル・シェイク家の娘タルファは息子ファイサル（第三代国王）を産み、まもなく他界したが、このサウード家とアル・アル・シェイク家との密接な関係は、その後アブドゥルアジーズの支配を固める上で大いに役立っている。

また彼が特に強力な同盟関係を結んだのはスデイル地方の部族スデイリだった。スデイリ一族はアブドゥルアジーズの仇敵イブン・ラシード家によるナジド支配の野望に一貫して反対したことで知られ、スデイリ家のアハマッド・イブン・ムハンマド・スデイリはアブドゥルアジーズにとって生涯の友人の一人であった。アブドゥルアジーズはアハマッドの娘ハッサをめとったほか、同家のハイヤも王妃にした。特に寵愛したのがハッサで、ファハド（第五代国王）ら七人の息子を産んだ。このためファハドが国王に就任した後、七人は「スデイリ・セブン」として、サウジアラビア王国の中枢で、権力機構を押さえることになった。

さらに既に見た通り、アブドゥルアジーズはハーイルのイブン・ラシード家とナジドの覇権を争い激烈な戦いを展開したが、同家を支えていたシャンマル族の妻をもらっている。本書執筆の時点で第六代国王就任が確実視されているアブドゥラー皇太子は、この妻との間にできた子である。

ちなみに、アブドゥルアジーズが一九〇〇年から一九四七年までに妻とした各部族の娘との間に、またモロッコ人、アルメニア人、シリア人、イエメン人の妾との間にもうけた息子の数は実に四十三人、娘の数は二十人にのぼっている。

既に私たちが知った通り、アラビア半島の部族長はそれぞれが「一人天下」と考えていたため、一人の有力指導者の下に結集するという求心的傾向を持っていなかった。婚姻関係が意味をもつのはこのためである。アブドゥルアジーズは、各地の部族長を自らを中心とした同盟関係に入らせることを狙って部族長の娘を妻として迎えたり、忠誠を誓う部族には金や財宝、補助金を与え、またマジュリス（集会所などの意味）の場で、部族長から出されるさまざまな苦情や注文に耳を傾けた。

サウジアラビアには約九十の主要部族があるといわれるから、アブドゥルアジーズが各地の部族長の忠誠をかちえ、国の統一を図っていくことは並大抵のことではなかった。既にヒジャーズ併合以前の一九二〇、三〇年代から土地を贈与する習慣もあったといわれ、土地を貰った側はそれを売って金に変えたという。その際、土地の最大かつ寛大な買い手はアブドゥルアジーズであったようだ。後で触れるが、一九三〇年代初め、唯一の収入源だった巡礼収入が減少したため、アブドゥルアジーズは苦労したが、そんな中でも部族への心配りはひとかたではなかったといわれる。

石油の開発で国庫（といっても自分の個人資産と考えていたが）に潤いが出てきた時期、すなわち①一九四七—四八年（歳入二億一千五百万サウジ・リヤル）、②一九五一—五二年（歳入四億九千万リヤル）、③一九五二—五三年（歳入七億五千八百万リヤル）のうち、それぞれの時期の歳出で部族への支出でみると、①では千百万リヤル、②では三千四百万リヤル、そして③ではナジド以外の部族へ千百万リヤル、リヤードを含むナジド周辺部族へ一億五千二百万リヤルの補助金を拠出した。これらは部族を基本的社会構造としている王国では、支配者がいかに部族の安寧に気を配っていたかを示す例証であろう。

マジュリス＝砂漠の民主主義

ところで、イスラーム誕生以前から部族社会を基本としていたアラビア半島では部族長が部族員と対話を行うことが常態であった。部族長であるシェイクが主催するのがマジュリスで、毎日テントの中で行われてきた。テントを畳んで新しい牧草地を探すとか、他部族との関係をどうするとか、日常の問題について深夜までコーヒーを飲みながら話し合う。シェイクの責任は部族民の結婚・離婚、訴訟、福祉などすべてにわたっている。今日、部族のマジュリスではリヤードやジェッダでの商売の話も議題に上るといわれる。アブドゥルアジーズはこの部族のマジュリス制度を半ば公式化し、国政レベルで国民の不平不満、苦情を聞き、政策決定の一助にしたといわれる。一九五二年公布の勅令で、サウジアラビア国民は部族長であれ、知事であれ、支配者に直接まみえる権利を持ち、苦情を申し出たり、それぞれが抱える問題について解決策の指示を受けることを認めた。

　一般的に国王による接見（ロイヤル・マジュリス）は週二回開催を原則とした。このマジュリスは建前上、地位の高低、貧富の差を問わず、国民なら誰にでも門戸を開くということだった。しかし、実際には国王に特別の用件を持った者か、毎年遊牧民が行う恒例訪問を除いては王宮訪問はできなかったといわれる。ロイヤル・マジュリスには約百人の人々が招かれ、約四十分間続けられるのを常とした。その運営は、たとえば国王が国民の関心のある話題について話をし、質問があれば国王がそれに答え、部族長が補助金の増額を求め、その訴えが納得のいく内容であれば即決するといった具合だ。

　こうした公式のマジュリスとは別に、午前中には小マジュリス、夕方にはやや規模の大きい非公式マジュリスが開催される。しかし、これらのマジュリスには王族、部族長、ウラマー、実業界の首脳だけしか出席できないという。非公式マジュリスでは国家政策についての幅広い討議も活発に行われる。しかし、マジュリスはあくまで成人男子のために開かれるものであって、青年や婦人、ましてや王国在住の外国人にはその窓を開いていないことを記憶しておいて良いであろう。

　マジュリスをサウジアラビアの支配者は「砂漠の民主主義制度」と自慢する。とうてい民主主義そのものとは似て非なる制度だが、ともあれ、サウジアラビアでは王族、政府高官と国民とが直接に接し、国民側がその声、要望を伝達することのできる手段とされてきた。

しかし、王国で石油が発見され、豊富な石油収入を背景に近代化が進み、教育の機会に恵まれた有識者が登場するに従って、こうした旧来のマジュリスだけでは満足できない政治・社会状況も生まれていった。

第4章　王国の成立と獅子身中の虫

ヒジャーズに学ぶ

メッカ、メディーナの両聖地、港町ジェッダ、高原の町ターイフを網羅したヒジャーズ地方は伝統的に最もコスモポリタン的であり、先進的な地域であった。世界各地からの巡礼者はジェッダを経由して聖地へ向かっていたからだ。このためアブドゥルアジーズがヒジャーズを併合した当時でも、そこには電灯が灯り、一部には電話も通じていた。ジェッダ港を通じて行われていた外国貿易によってヒジャーズ地方には収入があり、全体的に豊かであった。これに対し、サウード家の本拠地リヤードを含めたナジド地域には三つの主要な砂漠が存在していることに見られる通り、貧しく後進的であった。

ヒジャーズの人々は未開で野蛮なナジド側の支配下に置かれることを恐れた。一方ナジドの人々は外国人の支配を受けたことがなく、自分たちこそ人種的に純潔であり、ヒジャーズ人を外国人との混血で汚れているとして見下した。さらにイスラームに関しても、ナジド人はヒジャーズ人が外国人との接触で宗教的に厳格さを欠いており、ヒジャーズ人を「異教徒よりちょっとましし」程度に見なしていた。一方、電話や電灯を所有し、比較的進んでいた法律や銀行制度を持っていたヒジャーズ人はナジド人が無知で、非文化的であると軽蔑した。

ヒジャーズ地方には、ナジドでは当時想像もつかない政治制度が機能していた。

ナジドではアブドゥルアジーズの外交王室、国内王室という二つの機構があって、軍事遠征の際でも、通常の国内旅行の際でも王室記録や書類綴じを持たせ「移動王室」としていた。アブドゥルアジーズはヒジャーズ征服によって、そこには公務員制度や評議会制度があることを知り驚いたが、これらを廃止せず、温存した。王国の拡大とともに、出来るだけ早い時期に中央集権化した行政機構を整えたいとの希望を抱いていたためである。

ジェッダの有力者たちは、フセインに代わる後継王に長子アリーを推戴した際、ヒジャーズ立憲王国を考え、選挙を実施するまでの間、暫定委員会の設置を決めたが、この委員会はその後の「ヒジャーズ国民党」の前身となった。フセインをアカバへ追放後、国民党は立憲体制を目指し、最初の内閣さえ組織し、首相、財政相、徴税相、内相、外相、国防相を置いた。

アブドゥルアジーズのイフワーン軍によるジェッダ攻撃を前に、国民党はアブドゥルアジーズが「ヒジャーズの将来は全イスラーム国代表会議で決定する」と宣言したことを盾に、ヒジャーズの独自性を何とか保持しようと動いた。ヒジャーズの有力者たちはアブドゥルアジーズをヒジャーズ王に推戴はしたが、「ヒジャーズの統治はヒジャーズ人のためヒジャーズ人によって行われる」ことを強調し、ヒジャーズをあくまでもナジド・スルターン国とは別物にしようと考えた。

ヒジャーズを併合したものの、アブドゥルアジーズは新しい国造りのために政治的・行政的能力を持つヒジャーズ有力者たちの協力を仰がなければならなかった。

「ヒジャーズ王およびナジドと属領のスルターン」に就任した直後、アブドゥルアジーズがメッカ、ジェッダなどヒジャーズ主要都市の代表五十六人に「ヒジャーズ国民議会」を開催させたのも、ヒジャーズの人々を満足させるためであった。議会は選挙によって十三人の基本法制定委員会を作り、ヒジャーズとナジドを別々の王国とすることを前提にした憲法制定作業を開始した。

アブドゥルアジーズはヒジャーズ側の独自性を打ち出す動きに打つ手がなく、さらにイスラーム諸国がアブドゥルアジーズのヒジャーズ王就任に反発しているのも気がかりだった。つまりは自分の新たな政治的存在とその実効支配を認められていないという不安定な状況に置かれていたのだ。ところが、一九二六年二月、反帝国主義の旗印を掲げていた革命ソ連がまずその存在を承認し、続いてイギリス、フランス、オランダが相次いで承認に踏み切った。こうした列強の外交的承認に自信を持ったアブドゥルアジーズは同年六月、メッカでイスラーム諸国会議（六十九ヵ国代表が参加）を開催し、これら諸国にも存在を承認させることに成功した。

列強をはじめとする諸外国の承認を背景に、アブドゥルアジーズは一九二六年五月にメッカ、メディーナ、ジェッダ、ターイフ、ヤンブーの各市に市評議会を発足させた。

サウジアラビアで国家基本法などの制定が発表されたのは、後述するように二十世紀後半の一九九二年三月になってからだが、それまで、この国の政府機構は基本的に一九二六年八月、アブドゥルアジーズが公布した「ヒジャーズ王国のための基本的指示」（ヒジャーズ憲法）に従ってきた。「基本的指示」はヒジャーズに既に存在していたほとんどの行政制度の踏襲を認め、行政部門を外務、財務、内務、教育、シャリーア問題、軍務の六つに分けた。

当初は主としてヒジャーズ地方にだけ適用された指示は、その第二条で、王国が「立憲イスラーム国家」であるとし、第五条には「王国行政のすべては、シャリーアに従わなければならない国王の手中に握られている」と規定されていた。さらに第六条は、司法上の規範はコーラン、スンナ（預言者の慣行）に従わなければならないとし、第八条は、国王が総督、総督顧問、年年国王によって任命される名士六人から成る諮問評議会（国王、総督に対し責任を負う）の助言を受ける、と規定した。

またこの指示ではアブドゥルアジーズの三男ファイサル（後の第三代国王）をヒジャーズ総督に任命し、さらに総督の下、十一人で構成される諮問評議会を設置した。この結果、当初出来上がっていた「ヒジャーズ国民議会」と憲法制定を目指した基本法制定委員会は事実上、有名無実の存在となってしまった。ヒジャーズ総督ファイサル王子を長とするヒジャーズ閣僚評議会もヒジャーズの機構を尊重した結果であった。さらにアブドゥルアジーズは閣僚評議会に対して①王国のための新しい基本法、②王位継承順位を明確化する法令、③中央および地方政府のための法令を準備する作業に取りかかるよう命令した。

一九二七年七月、アブドゥルアジーズは行政機構に検討を加え、改革に関する意見を提出させる狙いから「監察と改革に関する委員会」の設置を命じた。新諮問評議会も発足したが、これらがサウジアラビアをやがて近代国家に発展させるための基礎となった。「監察と改革に関する委員会」はまた、純粋に行政執行問題に関して総督に勧告を行う「副官会議」の創設を進めた。一九三一年十二月末、「副官会議」は正式に発足したが、諮問評議会と同様にヒジャーズ地域だけのものだった。つまり、サウジアラビアの政体は、最後に征服されたヒジャーズから先に形成されていったのである。

アブドゥラー・アル・スライマーン

「副官会議」は諮問的な行政委員会という性格を

持ち、メンバーは議長のファイサル王子、ファード・ハムザ外交問題次官、アブドゥラー・イブン・ムハンマド・アル・ファドフル諮問評議会副議長、アブドゥラー・アル・スライマーン財務問題次官の四人であった。

　ここで注目されるのは王国の建国直前、アブドゥルアジーズがヒジャーズで登用した人物にイスラーム諸国出身の外国人を多数選んだことだ。ハムザはレバノン出身であったし、ハムザの前任者で医師、アブドゥラー・アル・ダルムージーはイラク出身、政治顧問でメッカ知事を歴任し、その後、初代教育長官に任命されたハーフィド・ワハバはエジプト出身、また政治秘書、ユースフ・ヤーシーンはシリア出身であった。

　また、ヒジャーズでは有力者、特に商人たちがアブドゥルアジーズの支配を嫌ったため、嫌がらせを受けて遠ざけられ、政治的に中立な外国人商人が重用された。イランのアリー・レザー家、エジプトのシャラバトリス、レバノンのサルハー、イエメンのビン・マハフーズなどが有名である。

　側近として唯一の例外だったのはナジド出身のスライマーンである。スライマーン一家はインドのボンベイで商売をしていた関係で、生来「商才」を十分に備え、アブドゥルアジーズの要求するものを何でも調達したことから、信任はきわめて厚く一九三二年には王国初の大蔵大臣に就任した。こうして王国は数々の評議会を設立したが、最終的な決定権を握っていたのは世襲的な支配者、王国の長としてのアブドゥルアジーズであった。

イフワーン鎮圧

ところで、アブドゥルアジーズがヒジャーズ統治のための基礎構築に取りかかっていた時期に、アブドゥルアジーズが片づけなければならない「内部の敵」イフワーンが蠢動していた。紛争の種はイフワーンのヒジャーズ攻略中に既に宿されていた。イフワーンのターイフにおける大虐殺行為は当時、アブドゥルアジーズを困惑させた。また、アブドゥルアジーズはメッカ占領後、徴税業務や電信・電話業務などをシャリーフが残していった官吏に委ねることにしたが、この決定に対し、イフワーン指導者の一人、ムタイル族のファイサル・アル・ドウィーシュが既に反発していた。メッカ占領後、イフワーンの指導者、ハーリド・イブン・ルアイがメッカ知事となったが、この指導者の下でイフワーンは厳格な「ワッハーブ宗」の教義に反する風習を打破するため、メッカに存在していた預言者の妻ハディージャや娘ファーティマの家跡をはじめ、ヒジャーズ各地で墓地や建物のドームを相次いで破壊した。

アブドゥルアジーズはイフワーンを入植地へ戻し、危機を回避したかった。しかし、彼は、ジェッダを陥落させ、ヒジャーズを支配下に置いた後、「ワッハーブ宗」教義の厳格な適用を盲信していたイフワーンを刺激するような政策を選択せざるをえなかった。

まずジェッダ陥落後、アブドゥルアジーズはイフワーン指導者のメッカ知事ハーリド・イブン・ルアイを解任し、エジプト人政治顧問ハーフィド・ワハバに代えた。またヒジャーズではイスラームにとって重大犯罪とされる飲酒や喫煙が行われており、さらにアブドゥルアジーズがシャリーフの残していった電信・電話業務を引き継いだことにイフワーンは不満を強めた。イフワーンは電話やラジオ、自動車、飛行機、蓄音機、映画などを「悪魔が作り出した」新奇物として排斥したからだ。

イフワーンはジェッダで主要な建物に引かれていた電話線を片っ端から切断したが、アブドゥルアジーズはまず電話を通じ、次いでラジオを使い聖典コーランを朗詠させ、それらが悪魔とは無縁であることを実証した。飲酒についてはもちろん禁止措置を直ちに取ったが、煙草に関しては輸入商人から「まだ十万ポンド分の在庫がある」との訴えが出されたため、アブドゥルアジーズは今後輸入しないとの約束をさせた上で、在庫処分を許した。こうしたアブドゥルアジーズによる一連の措置がイフワーンの不満を強めていったのである。

そうした中で、イフワーンによる外国人巡礼襲撃事件が発生した。一九二六年六月、メッカに入ったエジプト人巡礼団はマハマル（聖なる輿《こし》）を乗せたラクダを先頭にし、楽隊が鉦《かね》や太鼓を打ち鳴らしながら行進したが、イフワーンの一隊がこれを聞き、「神を恐れぬ無神論者の行為」として行進を阻止しにかかった。巡礼団に付き添っていたエジプト人将兵が銃を発射したため、イフワーン兵士二十五人が殺された。アブドゥルアジーズはエジプト人将校を逮捕したが、ちょうどイスラーム諸国会議開催の直前だったため将校の処分を行わなかった。仲間を殺されたイフワーンの怒りは絶頂に達した。

この事件のほとぼりがなお冷めぬ翌月、アブドゥルアジーズは「善行を勧め、悪徳を非難する委員会」として知られる「ムタワイーン」という公衆監視機構を設置した。この機構はナジドとヒジャーズのイスラーム法学者十二人で構成され、断食や礼拝義務を怠ったり、飲酒違反などイスラームの教義違反を監視するもので、後に「宗教警察」として知られるようになった。この機構創設以前にはイフワーンが同じ役目を果たしていたが、アブドゥルアジーズは委員会を創設し、次第に邪魔な存在になってきたイフワーンを「失業状態」に追い込み、入植地へ帰らせようとしたのである。

ヒジャーズ征服に貢献しながら、戦利品を十分に貰えず、しかも事実上の強制送還を迫られたイフワーンはアブドゥルアジーズに対し反感を強めた。中でも、イフワ

イフワーン兵士

ーンの三大指導者ともいうべき人々が造反の動きに出てきた。

一人は先にも登場したムタイル族のドウィーシュで、ムタイル族は歴史的に反サウード家的な行動をとったことで知られている。二人目はオタイバ族の族長スルターン・イブン・ビジャードで、ターイフ攻略で功績があったにもかかわらず、ターイフ知事に任ぜられず不満を持っていた。三人目はアジマーン族のダイダーン・イブン・ヒスレーンで、この部族もサウード家に反抗した過去を持っていた。ナジドに戻ったイフワーン三大指導者率いる三部族は一九二六年十二月、アルターウィーヤ入植地で、アブドゥルアジーズを弾劾する文書を採択した。

六項目からなる文書は、アブドゥルアジーズが①異教徒イギリス人に親密すぎる、②「悪魔あるいは異教徒の発明品」電話・自動車を導入した、③トランスヨルダンとイラクの多神教徒である遊牧民に越境し放牧することを許した、④異端シーア派教徒に寛大すぎる――などの諸点を挙げ非難した。

いち早くこの情報を握ったアブドゥルアジーズはメッカ滞在を切り上げて急遽リヤードに戻り、一九二七年一月末、イフワーン幹部や宗教指導者など数千人を集めた大会議を開き、ヒジャーズ併合に至るプロセスと自分の統治方針を説明した。ドウィーシュらは先の文書を突きつけたが、アブドゥルアジーズは反論を加え切り抜けた。またこの大会議でアブドゥルアジーズは「ナジド・スルターン国」から「ナジド王国」への改称を提案し、同意を得た結果、「ヒジャーズとナジドおよび属領の国王」に就任することになった。

一方、ちょうど同じ頃イギリスとアブドゥルアジーズとの新しい条約交渉が続けられていた。両者間にはすでに一九一五年、カティーフ条約が締結されていた。当時はまだイブン・ラシード家も健在であったが、今やサウード家がアラビア半島のほぼ全域を支配するようになっており、新条約に改める必要があった。一九二七年四月、アブドゥルアジーズは再びイフワーン幹部を中心にナジドの全部族長など三千人を集めた大会議を開き、その一ヵ月後、イギリスとジェッダ条約を締結した。これにより、カティーフ条約は破棄され、イギリスはアブドゥルアジーズの「支配と絶対的独立」を承認し、これに対しアブドゥルアジーズはガルフの休戦首長諸国とイギリスとの条約を尊重し、また奴隷制の禁止などを約束した。

しかし、イギリスの承認を受け意気揚がるアブドゥルアジーズの立場を揺さぶるイフワーンの独自行動がまたしても始まっていた。一九二七年十月、イラク・ナジド国境付近のイラク側ブサイヤというところに、イラクが監視所を設けたことに対し、ムタイル族のイフワーン兵士が相次いで襲撃を行った。イラク駐留のイギリス軍が三ヵ月にわたって空爆を行うと、イフワーン兵士でない住民の犠牲者が続出した。アブドゥルアジーズはイギリス側と交渉を行い、一九二二年のムハンマラ条約やウカイル議定書を持ち出して、監視所設置や空爆が違反行為であることを指摘したが、うまくいかなかった。こうしてアブドゥルアジーズは、イフワーンによるイラクやクウェート領土襲撃を黙認し、イギリスとの対決の道を進むか、それともイフワーンの行動を規制し、支配者としての威厳を保つかというジレンマに陥った。

しかし、イフワーン三大指導者は既に異教徒であるイギリス人に媚びているアブドゥルアジーズ打倒の決意を固めており、一方アブドゥルアジーズも反乱弾圧に傾き始めていた。事態を打開する目的で、アブドゥルアジーズは一九二八年十二月、リヤードでイフワーン幹部、部族長、町村の有力者、イスラーム指導者など八百人を集め大会議を開き、自らの方針を説明した。ここではまたイギリスとの交渉が不調に終わった責任をとって辞任するとの演説さえ行った。しかし、これは参加者に自分以外に指導者がいないことを表明させるためのしたたかな演出であった。

一九二九年になり、イフワーン兵士はイラク、クウェートへの襲撃を繰り返し、バスラとクウェート間の道路で車に乗ったアメリカ人を殺す事件も引き起こしている。しかしイギリスの支援で防備を固めた両国への侵入が難しくなり、イフワーンは今度はナジドの町村や隊商襲撃に矛先を転じた。イフワーンがナジドの部族民や住民を襲撃したり、虐殺行為に走ったことはナジドの人々を激高させた。「真のイスラーム教徒」を称するイフワーンがいかに偽善だったかをさらけ出すことになったからだ。こうしてアブドゥルアジーズはナジド各地の定住民や遊牧民から志願兵を募り、反乱軍鎮圧のための部隊を編制した。三月末、鎮圧部隊はナジドのアルターウィーヤ近くのシビラ村付近に布陣していたファイサル・アル・ドウィーシュとスルターン・イブン・ビジャード指揮下の反乱軍を不意討ちし、三百人以上を殺害した。ドウィーシュは重傷を負って逃走、イブン・ビジャードもガトガト入植地で降伏した。ガトガト入植地は徹底的に破壊された。

三大指導者の残る一人、アジマーン族のダイダーン・イブン・ヒスレーンはアル・ハサ地方で待機していて、シビラにはいなかったが、アブドゥルアジーズに忠実なアル・ハサ知事イブン・ジルーウィーによって謀殺された。この謀殺事件はアジマーン族をはじめ遊牧民の反発を受けた。さらにシビラの戦いの残党や、重傷を負って逃げていたドウィーシュとそのムタイル族も合流したため、反乱が再発し、八月末ごろまでに反乱軍の規模もその支配地域も拡大してアブドゥルアジーズを慌てさせた。しかし九月になると、逆に各地でアブドゥルアジーズに忠誠を誓う部族が反乱軍を相次いで破り、反乱軍を次第に不利な状況に追い詰めた。

アブドゥルアジーズは反乱軍討伐のための大方針を指揮下の有力者たちに改めて徹底させ、反乱軍の武器・弾薬の補給路を断つ作戦を展開した後、十二月初めにリヤード東北約百五十キロメートルのシャウキー村に大軍を集結させ、自ら陣頭に立って最終討伐作戦を指揮した。反乱軍は追い詰められ、ナジド、クウェート、イラクの三国国境付近にまで後退した。一九三〇年一月初め、ドウィーシュら反乱軍指導者は結局、彼らが「不信仰者」と言って蔑み、攻撃さえ加えていたイラクに逃げ込み、イラク駐留のイギリス軍に降伏した。間もなくドウィーシュらはアブドゥルアジーズに引き渡され、翌年リヤードの監獄で獄死した。こうして、一九二七年に始まったイフワーンの反乱は三年後に終結したのだった。

イエメンとの戦いとサウジアラビアの誕生

アブドゥルアジーズはイフワーンの創設者であったが、それはナジド統一という政治目的実現のための道具として利用したのである。アブドゥルアジーズは政治目的実現に立ちはだかった遊牧民の反乱（一九一六年から一九二八年までの間に二十六もの反乱があったといわれる）を鎮圧するに際しイフワーンを利用し、一方利用されたイフワーンは婦女子を含めた無辜《むこ》の民四十万人を無惨に殺傷した。アブドゥルアジーズの征服地拡大の過程で、百万人以上もの人々がイラク、シリア、クウェートなどの国々へ逃れた。また、イブン・ジルーウィーはムタイル族二百五十人の首を刎ねたことで知られ、アルターウィーヤ村の公共広場で反徒十八人を打ち首にし、部下に範を垂れている。

砂漠のテントで成長したアブドゥルアジーズは、遊牧民のメンタリティーを誰よりも良く知っていた。従って、遊牧民であったイフワーンを巧みに利用できたのだが、統制に服さなくなったイフワーンを無慈悲に抹殺することもためらわなかった。アブドゥルアジーズの政治顧問フィルビーは、「自ら創設したフランケンシュタインは、もし創出者が自ら進んでそれを破壊しなければ、間違いなく創出者を破壊したであろう」と、イフワーン抹殺を正当化したが、この支配者のしたたかな操縦術には驚かされるばかりである。

イフワーンの反乱をようやく平定したのも束の間、今度はナジド・ヒジャーズ王国を揺さぶる動きがヒジャーズ地方とアシール地方で生じていた。一九二九年からの世界大恐慌はアラビア半島をも貧困のどん底に陥れる影響をもたらし、特に聖地を訪れる巡礼者は激減した。一九二六年には十九万人だった巡礼者は一九三一年には約四万人に落ち込み、王国の国庫を空にした。イフワーンの反乱による混乱の結果、国土は荒廃しきっており、さらにナジドとヒジャーズを襲った旱魃も人々の厳しい暮らしに追い打ちを掛けた。人々は王国に対する不満を高めていた。

こうした状況を睨んで、かねてよりアブドゥルアジーズに恨みを抱いていたトランスヨルダンの首長アブドゥラーはヒジャーズで反乱を起こさせ、アブドゥルアジーズに一矢報いようと計画を進めていた。アブドゥラーは当時エジプトに存在した、かつての「ヒジャーズ国民党」幹部が作った組織「ヒジャーズ防衛連盟」を扇動した。一九三一年一

メッカ巡礼者数
(1927–40年)

1927年	90,000人
1928	96,000
1929	90,000
1930	81,000
1931	39,000
1932	29,000
1933	20,000
1934	25,000
1935	33,000
1936	33,000
1937	49,000
1938	67,000
1939	59,000
1940	32,000

月半ば、幹部の一人をトランスヨルダンの首都アンマンへ呼び、ヒジャーズ地方に秘密組織「ヒジャーズ自由党」を創設させ、アブドゥルアジーズ政府を打倒し、ヒジャーズ人独自の国家を樹立させる工作を行った。アブドゥラーはヒジャーズの南北で反乱を起こさせる計画を進め、北部では一九二八年にアブドゥルアジーズに対し反乱を起こしたためエジプトに逃れていた北部のバリー部族に、一方南部のアシール地方ではイドリーシ族にそれぞれ決起を促し、アブドゥルアジーズの支配を覆すことを狙った。

イドリーシ族はアシール地方沿岸部地方に十九世紀前半、モロッコのイドリース朝の末裔がやってきて支配を固め、イドリース侯国を作った、その流れをくむ部族であった。第一次世界大戦では連合国側に立ったため、イギリスはアシール沿岸部地域における同侯国の主権を認めていた。

ところが、一九二五年四月、イエメンの教主ヤフヤーはアシール地域への領土拡張を図ろうとして、イドリース侯国を攻撃し、自国領に併合してしまった。このためイドリーシ族族長はアブドゥルアジーズに助けを求め、一九二六年十月、ナジド・ヒジャーズ王国の支配下に入った。こうして王国はイエメンと直接対峙する状況を迎えたが、翌年双方は交渉を行い妥協を図った。しかし、イドリーシ族族長は現族長の存命中だけ、イドリーシ侯国の存在を認められるが、死後はナジド・ヒジャーズ王国の完全支配下に置かれることを知り、イエメン教主と「ヒジャーズ自由党」にアプローチしたのだった。

だが、アブドゥラーが計画したヒジャーズの反乱は実を結ばなかった。

まず、一九三二年六月、バリー族武装集団がエジプトからヒジャーズ入りしたが、動きを事前にキャッチしたアブドゥルアジーズによって裏をかかれてしまった。バリー族はヒジャーズ地方の反乱分子の共同行動を得られず、結局七月末には全員が殺され、反乱は失敗した。イドリーシ族側の南部での蜂起が行われる以前のことであった。

ナジド・ヒジャーズ王国の支配下から一転反乱側に転じたイドリーシ族が、アシール地方ジーザンで蜂起したのは一九三二年十一月初めで、ジーザン港には「ヒジャーズ自由党」の幹部も船で到着したが、アブドゥルアジーズが装甲車部隊などで攻撃を加えた結果、約二週間で反徒を敗退させた。

アブドゥルアジーズ軍がアシール地方全域を制圧したため、イドリーシ族族長ら一族はイエメンに逃れた。ところが、イエメンのヤフヤーは保護下に置いたイドリーシ族を使ってアシール地方をイエメン領土に併合する工作を表面化させた。一九三三年四月、イエメン北部で起きた部族反乱の鎮圧のため派遣されたイエメン軍はさらに北上し、ヤフヤーが自国領土と主張していたナジュラーン地区を占領した。問題解決のためアブドゥルアジーズ側とヤフヤー側代表が交渉したが成果なく、イエメン軍は十月にはバドルを、十一月にはジーザンを占領した。一九三四年三月、最終交渉も失敗に終わり、四月にアブドゥルアジーズはイエメンに対して戦火を開いた。反乱軍との戦いはこうしてイエメンとの戦争に転化していったのである。

アブドゥルアジーズの三男ファイサルは沿岸方面軍を率い、沿岸沿いに進撃し、五月にはホデイダと北のティハーマ地域をわずか三週間で占領した。一方次男サウードは砂漠方面軍を率いて山岳地帯を突破してイエメンのサヌアに迫ったが、弟ほど快進撃は出来ず、ナジュラーン地区からイエメン軍を一掃しただけに終わった。しかし、ヤフヤーはアブドゥルアジーズ軍の進撃に驚き、エジプト、シリアなどイスラーム諸国の介入を要請した。ターイフで和平会議が開かれ、アブドゥルアジーズはイエメンとの講和を結ぶに当たって、①ナジュラーンとアシール山岳地帯からのイエメン軍の撤退、②イドリーシ一族の引き渡しなどの条件を出し、イエメン代表もこれを受け入れた。五月二十日、ターイフでイエメン代表とアブドゥルアジーズの息子ハーリドが「イスラーム友好・アラブ同胞条約」(ターイフ条約)に調印した。族長イドリーシはじめ一族はファイサルに引き渡されメッカに移送後、監視下に置かれた。

イエメンとサウジアラビアとの間で画定された国境線は一九三六年、王国の地図に記載された。しかしイエメン側はアシール地方をイエメン固有の領土とみなし続け、サウジアラビア側と対立した。たとえば、ターイフ条約調印後の一九三五年三月には、巡礼明け大祭の儀式に参加していたアブドゥルアジーズと次男サウードが、巡礼姿のイエメン兵士三人に襲われる事件も起きている。

アブドゥルアジーズはヒジャーズ地方北部のバリー族の反乱を徹底的に鎮圧した直後の一九三二年九月十八日、ナジド・ヒジャーズ王国統一に関する勅令を発布した。ナジドでは次男サウードが、ヒジャーズでは三男ファイサルがそれぞれ総督の資格で、九月二十二日から国名をサウジアラビア王国とする旨の父王の勅令を発表した。アブドゥルアジーズはヒジャーズを併合した一九二六年にはヒジャーズの独自性を尊重することを約束したが、この勅令によって二重王国を単一の主権国家とすることを明確にしたのである。

次章で触れる通り、一九三三年、アブドゥルアジーズはアメリカの石油会社に探査・掘削権を与えることになるが、それまでの間、王国の収入はそれほど巨額ではなかったし、財政、外交業務も多岐にわたってはいなかった。このため一九四四年まで王国内に存在した中央省庁は外務省（一九三〇年設置）と大蔵省（一九三二年設置）のたった二つで、いずれもヒジャーズを所在地としていた。大蔵省という名前がついてはいたが、実際は「総合省」といってもよく、保健、教育、電話・通信・郵政の各分野をとりしきった。このためすべてに関わった大蔵大臣スライマーンは「何でも大臣」の異名を持ち、かなり絶大な権限を行使し、護衛付きの「準国王」として遇されたといわれる。

こうして、一九三二年九月、サウード家のアラビアという極めてユニークな国家が誕生した。

アミールであり、今や国王となったアブドゥルアジーズは、宗教的意味合いの強いイマーム＝教主の地位にもついた（「ワッハーブ宗」の始祖ワッハーブの死後、サウード家の長がイマームの地位を継承し政教両面の王国の支配者となる独特のシステムをとっていた）。緑の地に白色で「アッラーのほかに神はなし。ムハンマドはその使徒である」というアラビア語を配し、それを長剣が守っているという国旗は、これまでに詳述してきたこの王国の歴史を象徴している。また国章は緑色で定住したオアシス住民のナツメ椰子の木をやはりクロスさせたふたふりの長剣で守るという図柄となっている。

第5章　石油の発見

列強の石油開発

アブドゥルアジーズがメッカのシャリーフ、フセインを追放し、獅子身中の虫となったイフワーンの反乱を平定、またアシール地方を征服・併合してから、ターイフで七十二年の波乱に満ちた生涯を閉じるまでの約二十年間、さらに王国樹立を宣言してからの二十二年間、彼にとっての最大の課題は、いかに自分が築き上げた王国を発展させ、危機にさらすことなく安全に保っていくかということであった。

この王国をつつがなく保持することに腐心した約二十年の間、アブドゥルアジーズにとっては、遠心的傾向の強いアラビア半島の部族構造的な社会に、自らが体現するサウジアラビア王国への求心力を与えることが是非とも必要であった。

アブドゥルアジーズは全土統一後も各地に割拠する部族長の歓心をかい、支配を安定させるため、各部族長に補助金をばらまかねばならなかった。また、全土統一を図るため、各地に無線電話局や無線ラジオ局を設置したり、ジェッダでは給水施設や医療保健施設の建設を開始したばかりであった。しかし、この時点では、まだ富の源となる石油は発見されていない。

既に一九三二年、財政危機が誕生して間もない王国を直撃していた。ヒジャーズ併合以来、巡礼者は増加し、アブドゥルアジーズは財政収入を増大させていた。巡礼収入だけでも年間に百万から二百万ポンドに達した。しかし一九二九年十月から始まった世界大恐慌は、聖地へ出かける巡礼者にも影響を及ぼし始めた。巡礼を取りやめるムスリムが増え、その結果、王国の財政収入は減少した。巡礼数が最高だった頃、関税収入を合わせた財政収入は四、五百万ポンド（二千—二千五百万ドル）もあったが、巡礼数激減の結果、一九三三年には、その三分の一ないし四分の一になってしまった。

さて、サウジアラビアで石油が発見される直前の周辺地域における状況について触れて置く必要があろう。

イギリスは植民地インドへの海上輸送ルートを確保するため十七世紀以降、ガルフ周辺に拠点を着々と築き、十九世紀には植民地経営の尖兵役として政務官などを周辺の主要地域に配置し、十九世紀半ばまでにガルフ西岸のアラブの各首長国と相次いで条約を締結、それらを支配下に置いていた。こうしてイギリスは他の外国の介入を排除する一方、二十世紀に入ると間もなく、ペルシャ（イラン）で発見されたばかりの石油利権を確保、さらに第一次世界大戦前夜には、メソポタミア（現在のイラク）でも排他的な石油開発の利権を握っていた。

折しも大戦直前から大戦中にかけて、戦車、艦艇、航空機など石油を使う軍備の重要性が高まり、一九一二年、イギリスは海軍艦艇の燃料を石炭から石油に変える決定を行っている。

また、それまで自国内に豊富な油田を保有し、外国、特に中東の石油には関心を示さなかったアメリカも、全世界の石油需要が高まり、やがて自国油田も涸渇する日がやってくるという認識から、中東の石油に目を向け始めていた。第一次世界大戦後、戦勝国となったイギリスとフランスは旧オスマン・トルコ帝国領だったイラクの石油を分けようと図ったが、出遅れていたアメリカの石油会社は、どの国にも門戸を開放することを要求する「オープン・ドアー」政策を果敢に展開した。アメリカ石油産業はアメリカ政府を突き上げ、イギリス政府との交渉を行わせた。その結果、ついに一九二八年七月三十一日の協定で、アメリカの合弁石油会社「近東開発」（ニュージャージー・スタンダード＝後のエクソン、ソコニー・バキューム＝後のモービル、ガルフ、テキサコ）はイギリスのほぼ支配下にあったトルコ石油会社（TPC、間もなくイラク石油会社IPCと改称）への参入に成功したのだった。

この協定は別名「レッドライン協定」として有名であるが、IPC参加の石油会社は旧オスマン・トルコ領土内で新規に石油開発を行う場合、単独操業を禁止され、必ずIPC構成の各社と共同で行わなければならないことを規定した。協定付属の地図に対象地域とされたトルコからシリア、イラクを経てアラビア半島南端部までが赤線で囲まれていたため、「レッドライン協定」の名で知られるようになった。この協定によりIPCの株式は、そもそものTPC設立発起人カルースト・グルベンキャンが五パーセントを、そのほかは、アングロ・ペルシャ石油(APOC、一九三五年にアングロ・イラニアンAIOCに改称)、ロイヤル・ダッチ・シェル石油、フランス石油、それにアメリカの「近東開発」がそれぞれ二三・七五パーセントずつを保有することになった。

ところで、アブドゥルアジーズは一九二二年、アル・ハサのウカイルでイギリスのイラク駐在高等弁務官パーシー・コックスとナジド・イラク国境問題を討議中に、ニュージーランド生まれのイギリス軍退役少佐、フランク・ホームズのアプローチを受けた。ホームズはそもそも鉱山技師だったが、一発当てることを夢想し世界各地を転々とし、大戦後はイギリスに「イースタン・ジェネラル・シンジケート」という会社を設けていた。ホームズは石油利権の供与についてアブドゥルアジーズに打診し、コックスの薦めもあって、結局一九二三年五月、アル・ハサのわずかな地域の利権を年二千ポンドの利権料で獲得した。アブドゥルアジーズはここで初めて外国人に利権を供与したのである。

イギリスの半官半民の石油会社APOCは、アラビア半島には石油が出ないと固く信じていたため、ホームズを馬鹿な男と見なした。実際、ホームズはアル・ハサで二年間試掘をしたが、一滴の石油さえ出てこなかった。このためアブドゥルアジーズは二年分四千ポンドの利権料を得たが、一九二八年には契約を破棄してしまった。一方、ホームズは同じアラビア半島のバーレーンでの石油開発を狙ったが、水に関心を持っていた首長の要請で水を掘り当て、結果として一九二五年に石油開発利権を獲得した。ホームズは自分の全石油利権をイギリスのＡＰＯＣに売却しようとしたが、拒否された。そのため、ホームズはニューヨークで利権売却先を探した結果、ガルフ石油が関心を示したため、一九二七年十一月、「イースタン・ジェネラル・シンジケート」の全石油利権を同石油に売却した。

ところが、ガルフ石油は翌年、「レッドライン協定」に調印したため、バーレーンで単独に石油開発を行うことが出来なくなってしまった。そこでガルフ石油はバーレーンの利権を、同協定に参加していないアメリカの石油会社スタンダード・オイル・オブ・カリフォルニア（ソーカル）に譲渡した。バーレーンとイギリスは石油開発に当たってはイギリスかイギリス連邦の会社だけに利権供与を行うとの協定を結んでいたため、ソーカルはイギリス連邦のカナダで子会社バーレーン石油の名で登記した。この子会社がバーレーンで試掘を開始し、一九三二年五月、バーレーン島中央部の砂漠地帯で、ついに石油を掘り当てたのである。

近隣のイギリス保護下にあったクウェートでもガルフ石油とイギリスのＡＰＯＣが石油開発をめぐって激しく対立を繰り広げていた。しかし両社が妥協にこぎつけ一九三三年十二月までに両社が五〇パーセントずつ出資するクウェート石油の設立で合意し、一九三四年十二月、クウェート首長は同社に七十五年間の石油利権を与えた。首長はロンドンの同社代表にホームズを指名した。一九三六年から本格的な探査が開始され、一九三八年二月、クウェート石油が南東部ブルガンで世界最大規模の油田が発見された。

金貨が決め手に

アラビア半島を統一したものの、財政状況の悪化と資金不足でアブドゥルアジーズは悶々とした日々を送っていた。一九三〇年秋、アブドゥルアジーズは顧問のフィルビーと自動車旅行中だったが、あまりにも落ち込んでいたため、フィルビーは砂漠の下には莫大な石油が埋蔵されているのだからと元気づけた。これに対し、アブドゥルアジーズは「フィルビーよ。もし百万ポンドを出してくれる者がいれば、その者が望む石油利権を全部くれてやってもよいのだが」と答えたと伝えられている。

そうした時期の一九三一年四月、アメリカ石油業界にも影響力を持った実業家チャールズ・クレインなる人物が、ジェッダにアブドゥルアジーズを訪ねてきた。もともとは水道・浴室建具屋一族として成功し、今では巨万の富を築き、慈善家としてアラブ諸国にもちょくちょく足を向けていた。クレインはアブドゥルアジーズとの会談で、アラビア半島の開発の可能性について話し合い、帰国後の同年夏、仕事で使ったことのある有能な地質技師カール・トウィッチェルを派遣してきた。トウィッチェルは砂漠の水脈調査と、アル・ハサでの石油産出の可能性について調査を行い、ジャバル・ダンマーン周辺が石油埋蔵地帯として間違いなく有望であると報告した。この報告を知ったソーカルはトウィッチェルと連絡を取り、自社の技術顧問に依頼し、アブドゥルアジーズからの利権獲得に急傾斜し始めた。

翌一九三二年、ソーカルはバーレーンで石油が発見された時点で既にアル・ハサ地方の石油埋蔵は間違いないと確信し、アブドゥルアジーズの政治顧問、フィルビーに協力を求め、秘密裏に顧問役を依頼した。一九三三年二月、ソーカルはアブドゥルアジーズとの利権協定交渉の代表として、顧問弁護士ロイド・H・ハミルトン、技術顧問トウィッチェルをジェッダに派遣した。これに対し、イラクにどっしりと構え、五、六年前に「アラビアには石油に関して見込みは全くない」と無関心を装っていたIPCはAPOCの代表でもあった官吏あがりのステファン・ロングリックを送り込んだ。

アブドゥルアジーズはハミルトン、ロングリックに個別に会い、それぞれに気を持たせる丁重な言い回しで交渉を進めた。ところが、ソーカルはフィルビーに既に協力を要請していたお陰で、フィルビーからアブドゥルアジーズと大蔵大臣スライマーンの考え方について日々、情報を得ていた。フィルビーはハミルトンに「国王とスライマーンが理解できるのは金貨だ」と伝えていたので、ハミルトンは利権に対し、金貨による支払いを申し出た。

一方、IPCは既にアラビアでの利権獲得にはそれほどの熱意を持っておらず、ただソーカルの進出を妨害することだけを考えていた。従ってロングリックは一万ポンドを金貨でなくインド・ルピーで支払いたいと国王に告げた。勝負は既についていたも同然だった。

利権協定に署名するハミルトン（右）とスライマーン

一九三三年五月末、アブドゥルアジーズは顧問、部族長たちを集め、スライマーンが利権協定草案を読み上げるのを聞いた。協定草案はソーカルがアル・ハサ地方の六十年間の利権を所有し、三十六万平方マイルの地域で最恵待遇を受けること、ソーカルは初年の利権料として金貨五千ポンドを支払い、将来の利権料から回収できる借款を即時三万ポンド、十八ヵ月後には第二次借款として二万ポンドを用立てること、さらに石油が発見された際に追加借款として合計十万ポンドを金貨で支払うこと——といった基本に触れる部分に始まって、免税措置、貸し与えられる土地のことなどについて長々と続いていた。

　暑い日の午後のことだったので、この間、アブドゥルアジーズは居眠りをしていた。スライマーンの読み上げるのが終わり、突然静寂が訪れると、アブドゥルアジーズは目を覚まし、「ああ、居眠りしてしまったらしい。さて皆の者、どう思うかね」と寝呆けまなこで尋ねると、同意のつぶやきがはね返った。国王はスライマーンに向かって「よろしい。神のご加護を信じなさい。さあ、署名だ」と命令した。こうして利権協定が締結され、続いて七月、勅令によって裁可された。ジェッダのスライマーンのもとに前渡し金として三万五千枚の金貨（十七万五千ドル）が届けられたのは、同年八月末のことであった。

　一九三三年九月、アメリカ人地質専門家チームがガルフ沿岸ジュバイルの町に到着、掘削準備に取りかかる一方、同年十一月には、石油利権を保有するためソーカルの子会社カソック（カリフォルニア・アラビアン・スタンダード石油）がジェッダで設立された。地質専門家チームはジャバル・ダンマーンを中心に地質調査を開始し、翌年夏から七つの油井を掘削した。しかし掘れども掘れども無駄な努力が続いた。サンフランシスコのソーカル経営陣にも、ジェッダのカソック幹部にも焦りの色が濃くなってきた。

　ソーカルは別の難題も抱えていた。バーレーンで発見した石油の潜在産出能力は日量三万バレルと推定されたが、ソーカルは石油の販売網を持っていなかったため、日量二千五百バレルに落とさざるを得ない状況にあり、その上サウジアラビアで実際に石油が発見された場合、どう対処しようかと苦慮していたのである。一方、アメリカの石油会社テキサコはアジア、アフリカに充実した販売網を保有していたが、東半球で自前の原油を持っていなかった。このため、一九三六年初め、ソーカルとテキサコは合弁事業に乗り出すことを決め、ソーカルはテキサコにカソックの株式の半分を譲渡した。

水を求めたら牛乳が……

そんな折り、水に大きな関心を寄せていたアブドゥルアジーズは地質探査チームをリヤードに招き、リヤード周辺で水を掘り当ててほしいと頼み込んだ。チームの二人がリヤード近くの砂漠の中のアイン・ヒートの古井戸を調べに出かけた。この古井戸は一九〇二年、アブドゥルアジーズがリヤード奪回の前夜、ここで休息しラクダに水を飲ませたことのある数世紀にもわたって遊牧民が利用してきた曰く付きの井戸であった。深さ四十五メートルはある井戸の底に降りた二人は、底の近くに帽岩（キャップ・ロック）が露出していることを発見した。バーレーンと同じ地層がリヤードにもある——四年以上もジャバル・ダンマーンで七つの井戸を掘りながら何も発見出来なかった地質探査チームは狂喜乱舞し、希望を蘇らせた。

一九三八年三月初め、ジャバル・ダンマーンで掘りかけのまま放置されていた第七番油井をさらに深く約千六百メートルまで掘ったところ、待ちに待った原油が勢いよく噴出した。この油井は日量千五百バレル以上を生産することになった。当時のアメリカ国内の油井が日量五ないし十バレルだったのに比べ大変な量だった。サウジアラビアでの石油発見のきっかけが、サウード家伝統の地ナジドのリヤード周辺であったことは神の引き合わせでもあったのであろうか。フィルビーの『サウジ・アラビア王朝史』の記述の中で引用された一文によると、「彼は水を求めたところ、彼女は牛乳を与えた。彼女は殿様のもののような大きな皿に載せてバターを持ってきた！」ことになる。「王は思いがけない幸運にすっかり満足」し、翌年四月、アブドゥルアジーズ国王をはじめ随員らの四百台もの車がダハラーンに到着、三百五十のテントを張って野営し、ソーカル、テキサコ、カソックの幹部とともに「バター」ならぬ原油の産出を数日間にわたって祝ったと伝えられている。

石油発見後、サウジアラビア政府はカソックに対し、当初の利権区域の南北にも利権を与えることに合意した。新利権区域は四十九万六千平方マイルに及び、カソックは一九三九年九月までの時点で、これらの区域の半分で探査を完了したが、とてつもない莫大な量の石油が埋蔵されていることを確認した。

第二次世界大戦が開始される以前、アラブ地域ではイギリスやフランスの委任統治に反対する雰囲気が強まっていた。またイギリスの約束（一九一七年十一月のバルフォア宣言）を根拠にパレスチナへ続々と移住していたユダヤ人の数は、ドイツでユダヤ人絶滅策を掲げるナチスが登場後、さらに増大しつつあった。その結果、パレスチナではユダヤ人とアラブ人との武力衝突が頻発し、その種をまいたイギリスへの反感はいっそう募り、一方ではドイツやイタリアの力を期待する民族主義が高まっていた。

一九二七年のジェッダ条約に基づき、基本的にはイギリスとの友好関係を重視したアブドゥルアジーズであったが、一時期ドイツへも接近した。だが、一九四〇年代初めイギリスをはじめとする連合軍が中東各地の戦線で勢いを盛り返すと、再び連合国支持に転じた。紅海周辺ではエリトリアを植民地としたイタリアが一九四〇年六月に参戦した後、紅海に潜水艦を遊弋《ゆうよく》させ、またダハラーン爆撃などで脅威を及ぼし始めていた。このため連合国はクウェートの全油井をセメントで埋め立てることを命じた。またサウジアラビアでも石油施設の操業はほとんど停止され、新規油田の開発は延期された。一九三九年から一九四三年までの石油生産量は日量一万バレルから一万三千バレルにとどまり、さらに海運状況も悪化していたため聖地巡礼者も一挙に半減し、サウジアラビアの財政収入は激減した。

アブドゥルアジーズはカソックに将来の利権収入を担保に年六百万ポンドの借款を申し入れ、一方ではイギリスに財政援助を求めた。ところがイギリスそのものが戦費調達に苦しむ状況にあった。一九四一年三月、アメリカで「戦時武器貸与法」が成立し、援助資金がイギリスへ送られ、イギリスはこの援助資金をサウジアラビアに振り向け、王国の要請に応えたが、そこには自国の「勢力圏」へ参入してきたアメリカの石油産業を振り切り、イギリスの資源確保に努めようという思惑もあった。

負けじとアメリカも大きく姿勢を転換させた。先にも述べたように、それまでアメリカ政府自体は中東石油を重要視していなかったが、日米開戦後、石油は戦略物資として重要性を高め、またソーカルとテキサコ両社からの強い働きかけもあり、一九四三年二月、ルーズベルト大統領はサウジアラビアを「アメリカの防衛にとって死活的に重要な国」と認定し武器貸与法に基づく直接援助を行う指示を出した。アメリカとサウジアラビアとの軍事協力関係の始まりであった。

連合軍の石油需要をまかなうため、サウジアラビアの石油生産が拡大され、一九四四年にはカソックは日量二万一千バレルを生産した。これに先立ち、カソックはアメリカ政府に対して、サウジアラビアにはアメリカの全埋蔵量に匹敵する二百億バレルの石油が埋蔵されていること、また植生のない平地の浅い部分に埋蔵されているため生産コストはもっとも低廉であること、輸送のための水域に近接していることなどを報告していた。アメリカ政府の認識はにわかに強まり、カソックへの助成も行われ始めた。カソックは一九四四年一月末、

1938年の国家収入(推定)
単位：ポンド(金貨)

ヒジャーズ税関	600,000
巡礼・その他	700,000
合計	1,300,000

「アラビアン・アメリカ石油会社」（「アラムコ」）と改称した。

こうして、アメリカはサウジアラビアで官民一体となった政策を進めた結果、第二次世界大戦終了後、アラムコの生産体制はいっそう巨大になった。同時に、王国における巨大な石油資源開発のためにはソーカルとテキサコ両社だけでは資金を調達できない見通しも明らかとなった。既に一九四五年七月、アラムコはヨーロッパ向けタンカー輸送費に比べ、半額で輸送を可能にする「アラビア横断石油パイプライン会社」（「タップライン」）を作ったが、パイプラインの敷設費などを調達しなければならなかった。

一九四七年三月、ソーカルとテキサコ両社はニュージャージー・スタンダード（後のエクソン）とモービルをアラムコに資本参加させる協定に調印し、コンソーシアムを設立した。出資比率はモービルの一〇パーセントを除く三社がいずれも三〇パーセントだった。サウジアラビアの作家タウフィク・アル・シェイクによると、会社の数が増えることに対し、アブドゥルアジーズは「よろしい。会社が多くなることは入る金も多くなることだ」と語っていたという。ニュージャージー・スタンダードとモービルは既に触れた、「レッドライン協定」の当事者だったため、イラク石油の参加社は強く反対したが、もはや昔日の力はなく結局押し切られてしまった。「レッドライン協定」も絵に描いた餅、役立たずの古証文となってしまった。

とにかく金の欲しかったアブドゥルアジーズと、その「何でも大臣」スライマーンは利権料支払金だろうと、無償援助資金だろうと、将来の石油生産を担保にした借款だろうと、どんな形であれ金さえ手に入ればよかったが、一九四〇年代末、パシフィック・ウェスタン石油（後のゲティー石油）などのアメリカの独立系石油会社や日本、ヨーロッパの企業が石油利権獲得のために、王国政府に非常に有利な条件を提示し始めた結果、アラムコがいかに莫大な儲けをしているかにようやく気づき始めた。

こうして一九五〇年十二月末、サウジアラビア政府とアラムコは、そもそもの利権協定を改定し、利益折半による新協定を締結した。バレル当たりの価格から生産と販売にかかるコストを引いた残りの五〇パーセントを現地政府に支払うというもので、これは一九四八年十一月、南米ベネズエラが利益折半方式の利権協定締結に成功したことを見習ったものである。利権協定改定以前のアラムコの利益は投下資本の倍にもなっていたが、改定協定後においてさえアラムコの利益は投下資本の三〇〇パーセントにも及んだ。

アラムコ・ハンドブックによると、サウジアラビアの原油生産量は一九三八年は日量千三百バレルだったが、第二次世界大戦中の一九三九年から一九四三年までは日量一万バレルから一万三千バレルの間を推移した。しかし一九四四年には日量二万一千バレル、一九四五年五万八千バレル、一九四六年十六万四千バレル、一九四七年二十四万六千バレル、一九四八年三十九万バレル、一九四九年四十七万六千バレル、一九五〇年五十四万六千バレルと右肩上がりに増大して行った。当然、アブドゥルアジーズの「懐に入る」石油収入も増え続けた。「懐に入る」と表現したが、まさに国王個人の資産が増えていったのである。既に触れた通り、サウジアラビアという国名自体がサウード家のアラビアを意味しており、アラビアはサウード家の個人的保有物であり、したがって地下に眠っていた石油が富を生めば、その富はアブドゥルアジーズの個人資産と認識されたのである。

一九四五年には年間収入四百八十万ドルだったが、一九四六年千三百五十万ドル、一九四七年二千四十万ドル、一九四八年三千二百万ドル、一九四九年六千六百万ドル、一九五〇年一億千三百万ドルと石油収入はうなぎ登りに増え続けた。その上、アラムコは一九四五年にカティーフ油田を、一九四八年に世界最大規模の陸上油田ガワール油田を、一九五一年にはガルフ内で世界最大のサファニア海底油田を発見した。

この石油収入がサウジアラビアに国家体制の変革を促すことにもなった。

第二次世界大戦終了後、油田開発が目覚しい勢いで進み、王国の財政収入も増大した結果、行政も煩雑となり、近代世界に対応する必要も生じてきたのである。このため一九五一年六月、大蔵省から独立して保健省と内務省を設立し、さらに同年九月、運輸省を設置した。ちなみにダンマーンとリヤードを結ぶ鉄道が建設されるのは一九五一年のことである。

一九五三年十一月、アブドゥルアジーズがターイフで波乱に満ちた生涯を閉じるちょうど一ヵ月前の十月九日、全王国のための「閣僚評議会」設置命令を下した。国王がヒジャーズ地方で設置されていた各種評議会の効用を十分知っていたため、「閣僚評議会」を設置することになったといわれるが、これは近代的な中央行政機構創設の第一歩となり、サウジアラビア王国の新時代の訪れを告げるものとなった。

第6章　アメリカへの急接近

アラムコ本社が置かれたダハラーンはパリとマニラ間で最大のアメリカ的な都市景観を呈し、アラムコはここを国家内の国家のように仕立て上げた。イスラームの国に存在していたとは言え、アラムコの敷地内では酒盛りが行われ、婦人が短パンツ姿で闊歩し、アラムコは独自のラジオ放送局を保有し、ゴルフ・クラブも持っていた。後述するように、一九五一年六月、アメリカとサウジアラビアは初の防衛協定を締結、アメリカ戦略空軍は巨大な基地をダハラーンに設けた。

こうしてアラムコはアメリカ政府とサウジアラビア王国との仲介役を演じたが、とてつもない巨額の石油収入を何に使って良いのかわからないアブドゥルアジーズに、アメリカ政府とども賢明な使い方を助言するようなことを一切しなかった。一九四六年から一九五三年の間、アブドゥルアジーズは四億ドルを受領したが、王国の開発には一銭も支出しなかった。一九四六年の王国歳出記録によると、王室のガレージ建設に二百万ドルを支出したのに対し、学校建設にはわずか十五万ドルを支出したにすぎなかった。

「砂漠の豹」アブドゥルアジーズは一挙に大金持ちになったが、金の使い方を知らず、息子を初めとするサウード家一族や側近などに大金をばらまくことになった。ある年には、自分の肖像入りの金時計三万五千個をばらまいたといわれ、また一度にアメリカ製乗用車パッカードを四十台も購入し、世界で最大のエアコンシステムを備えた宮殿を建設した。同じ時期、サウード家王族がアメリカやヨーロッパを旅行するチャンスが訪れ、西欧文明の象徴であるビルや鉄道、飛行機、自動車などを見て驚かされた。アメリカの勧めで、サウジアラビアは第二次世界大戦終結前の一九四五年三月初め、ドイツと日本に対して宣戦を布告、その結果国際連合の原加盟国となることができたが、その折りにファイサルら五人の王子はアメリカを訪問し、刺激を受けた。アメリカへ旅行した王子たちの帰国談を聞いた他の王子たちも競って「不労所得収入」を懐にし西ヨーロッパ諸国を訪問した。

このほか、にわか成金となった王子たちは腐敗堕落、乱行にも及んだ。一九四七年六月、当時リヤード州知事だったアブドゥルアジーズの第六子ナーシルは職権を乱用、自分の宮殿で酒宴を催した。客の中にはかつての仇敵イブン・ラシード家一族の者がいたが、酒をいっき飲みし死亡したため表沙汰になり、ナーシルは知事を解任された。さらに一九五一年十一月、ジェッダのイギリス副領事が催した酒宴に招かれた第十七子ミシャーリーは泥酔し、ウィスキーをもっと振る舞えとわめいたあげく副領事を射殺した。

こうして、タナボタ式に手に入るようになった金を贅沢三昧に浪費し、挙句の果てには一部の王族がイスラームの教えの中でも最も厳しい戒律を課している「ワッハーブ宗」に反する行為に走ったのである。この王国では、第四章で触れた通り、アブドゥルアジーズが作り上げた「ムタワイーン」という民衆監視の「宗教警察」が目を光らせ、町中をラクダの革の鞭を振り回しながらパトロールしてきた。一日五回の祈りの時間になると、「サラー、サラー」(アラビア語で「サラート」は礼拝を意味する)と叫び声を発しながら、人々をモスクへと駆り立てた。「ムタワイーン」は酒類はもちろん、女性のヌードや半ヌード写真の載った雑誌ばかりでなく、仏教寺院、キリスト教会、イスラーム以外の宗教儀式の載った本や雑誌をたちどころに没収した。また「ムタワイーン」は女性が車の運転をしていたり、自転車に乗っていたりすることにも目を光

鞭をふるうムタワイーン

らせた。かつては、公衆の面前での喫煙が禁じられていたため、煙草を吸っている人がいると、「ムタワイーン」は口元から煙草をたたき落としたと伝えられる。

「ムタワイーン」は治安警察と同じように家宅捜査権を持っており、酒類を密かに所持していたり、男女のキス場面のある外国の本や雑誌を隠し持っていたりすると、厳しい処罰を行った。このように、「ムタワイーン」は人々が預言者ムハンマドの教えを完全に守っているかどうか、監視の目を光らせてきたのだ。王国統一までの期間に公開処刑された人の数は実に四万人にのぼっており、盗みを行い手足切断の処罰を受けた人は三十五万人にも達した。飲酒は八十回の鞭打ち刑、姦通は石打ちの刑に処せられる。「ムタワイーン」は王族の腐敗堕落、乱行も摘発の対象としたが、王族はその地位と賄賂とによって追及を逃れることができたのである。

ヒジャーズ総督を務め、その後第三代国王になったファイサルは後世、英明な王として紹介されてきたが、若い時代からアブドゥルアジーズの代理として西ヨーロッパ諸国を訪れることが多かったため、歓楽街に足を踏み入れ、遊興や漁色に耽ったという。

ナジド総督サウードは皇太子時代、リヤード郊外の砂漠の中に、当時で四百万ポンドを投じ、壮大なナーシリヤ宮殿を建設した。ブルーのタイル貼りプール、巨大な噴水、緑豊かに手入れされた芝生のある庭園は、夜ともなると、ブルー、黄、緑、赤など二万五千個の電球が輝き、まさに砂漠の不夜城を思わせた。

ところが、アブドゥルアジーズ死後、国王に就任すると間もなく、サウードはこの邸宅では満足しなくなり、今度は一千万ポンドをかけ、新ナーシリヤ宮殿を建設させた。新宮殿のエアコン、照明、噴水には当時のリヤード市全体が使用するより多い電力と水が消費されたと記録されている。サウードはこの宮殿のほか、全国に九つの宮殿を持ち数百人の従者を伴い、五十台以上のアメリカ製高級車キャデラックで頻繁に移動した。サウードは砂漠の中にエアコン付き大トレーラー（当時四十万ドルはした）を停車させ、キャンプをすることを好んだといわれ、父親のアブドゥルアジーズをまね、部族長をそこに招いて財宝をばらまいた。このためトレーラーの床にはいつも金貨と銀貨をそれぞれ詰め込んだ二つの袋が置いてあったという話だ。

さて、アブドゥルアジーズが石油の富にありついた第二次世界大戦終結前後、王国を取り巻く国際情勢にも大きな変化が生まれていた。そうした中で老王は対外的にも積極的な行動を展開し、頼るべき大国としてイギリスからアメリカへはっきりと転換し、また周辺アラブの仲間としては、かつてのハーシム王家（当時のイラクとヨルダン）に反対する立場からエジプト王家への接近を図った。

まず、サウジアラビアが親アメリカ政策を取り始めたことについて触れよう。アメリカとの軍事協力関係は既に前章で触れた通り、一九四三年、アメリカが王国へ武器貸与法を通じて直接援助を開始したことで始まったが、両国首脳が接触したのは一九四五年二月十五日のことだった。このころ、ドイツ・ナチスの虐殺を逃れ、パレスチナへ移住するユダヤ人が急増、現地ではアラブ人との衝突が頻発しており、アメリカ政府はアブドゥルアジーズの協力を求める必要に迫られた。ヤルタ会談からの帰途、ルーズベルト大統領はスエズ運河中間のグレート・ビター湖に停泊する巡洋艦上でアブドゥルアジーズと会談した。ルーズベルトはユダヤ人の迫害とパレスチナ移住について理解を求めたのに対して、アブドゥルアジーズは迫害を行ったドイツこそが責任を負うべきであり、第三者であるパレスチナに問題を転嫁すべきではないと主張した。ルーズベルトはもっともだと聞き役にまわり、今後はパレスチナ問題については当事者であるアラブとユダヤ双方の意見を聞いた上でアメリカの方針を決定すると答えた。

ルーズベルト大統領と話し合うアブドゥルアジーズ

　ルーズベルトとの会談から二日後、アブドゥルアジーズはエジプトのファイユームでイギリスのチャーチル首相と会談したが、見るべき成果はなかった。これら二つの会談に関連したエピソードとして伝えられているのは、ヘビースモーカーのルーズベルトは喫煙を悪と考えていたアブドゥルアジーズの前では煙草を吸わなかったのに対し、葉巻好きのチャーチルは禁煙することを拒んだ。この単純な出来事に象徴されるように、アブドゥルアジーズはアメリカ人に好意を寄せ、これに対し気むずかしいイギリス人には良い感情を抱かなかったようである。

一九四七年一月、アブドゥルアジーズはアメリカへ皇太子サウードを派遣し、後任のアメリカ大統領トルーマンと会談させ、なおも中東において野心を抱くイギリスでなく、アメリカとの友好関係を増進させたい旨伝えさせた。アブドゥルアジーズはアメリカからの武器援助ばかりか、アメリカとの同盟条約締結さえも打診した。一九四七年十二月、アメリカ国務省は、アブドゥルアジーズに「サウジアラビアの領土、政治上の保全を支持する」旨の覚え書きを送ったが、アブドゥルアジーズは満足せず、一九四八年四月末、アメリカ空軍輸送司令官がサウジアラビアを訪問した際、アメリカが自衛を目指す王国の軍備を整えてくれたら、王国内にアメリカの戦略的軍事施設の設置を許可すると言明した。だが、当時はイスラエル建国をめぐって、イスラエルとアラブ諸国との対立が沸騰点に達していたため、アメリカ側は「パレスチナ情勢が落ち着くまで」軍事援助を断った。

このパレスチナ問題をめぐってはその後もイギリス、アメリカともユダヤ人十万人のパレスチナ移住を主張したため、アラブ諸国から非難された。アブドゥルアジーズもルーズベルトに口頭で告げた見解と同じ内容の書簡をトルーマンにも送付した。アメリカ、イギリス合同の現地調査（ユダヤ人十万人の移住とその後の追加移住などを勧めた報告書を提出）などを経て、一九四七年二月、結局イギリスはパレスチナ委任統治を投げ出し、問題の解決を国連に委ねてしまった。一九四七年十一月末、国連総会はパレスチナをユダヤとアラブ両国家、国際管理都市エルサレムに分けるパレスチナ分割決議案を採択した。一九四八年五月十五日、イギリス委任統治終了とともにイスラエル国家が誕生、これに反対するアラブ諸国とのパレスチナ戦争が勃発した。サウジアラビアもエジプト軍の指揮下に入る正規軍一大隊を派遣した。この戦争は、数だけはイスラエルを凌駕したが、アラブ各国の思惑の乱れから指揮系統はばらばらで結局、イスラエルの勝利に終わった。

次に、サウジアラビアの周辺諸国との関係についてであるが、アブドゥルアジーズはハーシム家のイラク、ヨルダン両王国に対し激しい敵愾心を燃やしていたため、両王国の脅威への対抗上、エジプト王国へ接近を強めた。一九四五年一月、ファルーク国王がヒジャーズ地方のヤンブーを訪れ、アブドゥルアジーズと会談し友好関係を強め、翌年一月にはアブドゥルアジーズがエジプトを約二週間にわたって公式訪問し、緊密な関係を深めた。ところが、イギリスは影響力の及んでいる両ハーシム家のイラク、ヨルダンを中心とした中東地域協力機構作り（イラクはイラク、シリア、ヨルダン、パレスチナを一体とする「豊かな三日月地帯」構想を、ヨルダンはヨルダン、シリア、パレスチナ、レバノンを統合した「大シリア」構想を提唱していた）を進めたのに対して、エジプト、サウジアラビアはともに警戒し、エジプトの主導で一九四五年三月二十二日、アラブ連盟を発足させた。エジプト、サウジアラビア両国はパレスチナ戦争中、ヨルダンのアブドゥラー国王がヨルダン川西岸を自国に併合した措置に対して激しく反対した。

一九四九年、世界はアメリカとソ連を両極とする冷戦時代に突入していた。政治的嗅覚の鋭かったアブドゥルアジーズは同年五月、ジェッダでアメリカのメロイ特使を迎え、共産主義の危険とそれが近隣アラブ諸国に及んでくる可能性について弁舌を振るった後、アメリカが適切な軍備を提供し、顧問を派遣してくれるように懇請した。メロイは本国に電報を送り、一九五一年に満期となるダハラーン空港施設利用協定に代わる新長期協定の代償としてサウジアラビア移動空輸部隊一万人を訓練することに合意するよう勧告した。

アメリカは一九五〇年四月、リヤードへジョージ・マッギー国務次官補を派遣し、アブドゥルアジーズの要請を聞かせた。会談の席上、国王はアメリカとの軍事同盟関係を結ぶことを要請した。これに対し、マッギーはアメリカとサウジアラビア間の友好、貿易、航行条約の締結、アメリカによるポイント・フォー計画（開発途上国援助計画）のもとでのアメリカ人技術者の派遣、輸出入銀行によるローン供与、長期的なダハラーン空港協定、軍事援助計画などを提案した。この結果、一九五一年六月、アブドゥルアジーズは空港の五ヵ年間延長貸与協定、およびアメリカがサウジアラビアに軍需品を補給し、アメリカ軍人がサウジアラビア兵士を訓練することを内容とする相互防衛援助協定に調印した。こうしてアブドゥルアジーズは自分が築いた王国外交政策の基本、すなわち安全保障の盾としてアメリカに依存するという、王国の基本方向を設定したのである。

アブドゥルアジーズは王国の財政収入を個人収入と考え、勝手気ままに支出したため、この国の収入が一体どれほどあったのか、そして何に使われたのかは十分明らかにされていない。しかし、晩年の①一九四七―四八年、②一九五一―五二年、③一九五二―五三年の時期については予算の中身が比較的に明らかにされている。すなわち、全国家収入は①の時期は二億一千五百万サウジ・リヤル、②の時期四億九千万リヤル、③の時期七億五千八百万リヤルと記録されている。このうち、王国の防衛・治安のために支出された額は、①の時期が九千百万リヤル(予算の四二パーセント)、②の時期一億五千七百万リヤル（三二パーセント)、③の時期四億リヤル（五三パーセント）となっている。これを見ても、アブドゥルアジーズがいかに外部の脅威に対する防衛および国内治安維持に腐心していたかがわかるであろう。

アメリカとの相互防衛援助協定に基づき、アメリカ軍事顧問グループが王国に到着、まず王国の軍事力の実態を調査した。それによると、サウジアラビア正規軍は一九五三年時点で、七千五百人から一万人の間であると推定された。アメリカ軍事顧問は三ヵ年間で砲兵、工兵、信号兵など三ないし五連隊から成る戦闘部隊の設立を検討、特に砂漠の戦闘のためばかりでなく、広大な王国のどこへでも直ちに配備できる空輸部隊の新設が急務であるとする結論を出した。

こうしてアブドゥルアジーズはその晩年ともなった時期に外交上の足跡を残したが、既に老境に達しており、身体的にも衰えが目立ってきた。しかし、周辺の国際情勢は王国にも対応を迫るほど、めまぐるしい動きを示していた。一九五一年、ガルフを隔てた対岸の国イランで民族主義的な首相モハマッド・モサッデクによるアングロ・イラニアン石油（ＡＩＯＣ）の国有化が行われ、さらにその一年後の一九五二年七月にはエジプトで自由将校団による王制打倒革命が成功し、その指導者ナセルは、サウジアラビアの石油を「アラブの石油」と言及し始めた。民族主義的な強風は東からも西からもサウジアラビアに吹き寄せ始めたのだ。

第7章　アラブ民族主義の嵐の中で

一九五三年十一月九日、「砂漠の豹」アブドゥルアジーズが死去した結果、既に一九三五年に後継者として皇太子に任命されていたナジド総督サウードが国王に、ヒジャーズ総督ファイサルが皇太子に推戴され、王族たちから忠誠の誓いを受けた。

サウードの国王就任は表向きスムーズに行くように思われた。しかしサウードは王子たちの中での最年長者であり、国王としての能力がありそうだというだけの理由で後継者に任ぜられたのだ。従ってサウードが国王に就任したその時から、この新しい支配者の一挙手一投足に兄弟、叔父、息子、甥たちの鋭い目が注がれていた。

「閣僚評議会」議長（首相）となったサウードが受け持つことになった職分は全省の仕事を監督・管理し、毎月開く会合で閣僚から上げられた報告書を検討・吟味することであった。同評議会の決定には単純多数を必要とし、議長承認が必要不可欠とされた。サウードは国王として、議長として絶対的権限を持ったが、ファイサル皇太子を「閣僚評議会」副議長（副首相）に任命し補佐役とした。

国王就任直後の一九五四年一月一日、サウードは大蔵省をさらに細分化し、教育省（大臣はファハド王子）と農業水利省（大臣はスルターン王子）を設置し、父王の路線を推進する方向を示した。サウードは「閣僚評議会」の初会合（初閣議）を同年三月七日にリヤードのムラバー宮殿で開催するまでの数ヵ月間、父王の行動をまねアラビア半島の東部、北部地域を訪れ、部族からの忠誠獲得に努めた。初の「閣僚評議会」出席者は首相を除くと、副首相兼外相のファイサル皇太子、皇太子の息子のアブドゥラー内相、ミシュアル国防相、タラール通信相、ファハド教育相、スルターン農業水利相、アブドゥラー・スライマーン財政経済相、ラシャード・ファラオン保健相、ムハンマド・アリー・レザー・ザイナル商業相、ユースフ・ヤーシーン国務相、ハーリド・ガルガニ国務相だった。

さて世界は一九四〇年代末から、アメリカ、ソ連両超大国による冷戦時代に突入しており、一方、中東地域では一九五一年のイランでのアングロ・イラニアン石油（ＡＩＯＣ）の国有化や一九五二年七月のエジプト革命によって民族主義の嵐が吹き荒れつつあった。嵐は国王交代前後のサウジアラビアの国内情勢や対外関係にも容赦なく吹き込み影響を及ぼしていた。

まず、当時の国際情勢が国内へ及ぼした影響を見てみよう。

一九五二年十月、アラムコでは優遇されていたアメリカ人従業員に比べ、劣悪な待遇状況に置かれていたアラムコ労働者が「労働者委員会」を結成し、会社側に対する闘争を開始した。会社は労働者の待遇改善要求を拒否し、またサウジアラビア政府も「王立特別委員会」を設け対応に乗り出し、「労働者委員会」メンバーを逮捕した。これに抗議し一九五三年十月にはストが始まり、政府が油田地帯に戒厳令を敷く中、アラムコが「労働者委員会」側の要求にある程度応じるまで続いた。

要求を勝ち取ったアラムコ「労働者委員会」のナーシル・サイードは指導者として「国民改革戦線」という王国内で初の革命組織を発足させた。「戦線」は軍部若手将校、政府職員などの間にシンパ網を拡げ、外国による政治的、経済的な王国支配に反対し、王国の民主化措置の実施や憲法の制定などを目標に掲げた。一九五五年五月には、「戦線」メンバーでエジプトで訓練を受けたサウジアラビア軍将校十二人によるファイサルら閣僚暗殺、サウード国王廃位を狙った政府転覆計画も発覚した。政府は直ちに関係者を処罰し、「戦線」を徹底的に弾圧する策を実行に移したため、メンバーの多くはエジプトやシリアに亡命した。

一九五六年六月のアメリカに対するダハラーン空軍基地貸与協定の満期を直前にした五月、東部州視察のためダハラーンを訪れたサウード国王を迎えたのはアラムコ労働者・民衆数千人のデモであった。彼らは経済的な待遇改善を要求したばかりか、「帝国主義反対、空軍基地撤去」などを叫んだ。サウードは直ちにストとデモを全面禁止する勅令を発布したが、労働者側は憲法制定、政党の許可、組合の法制化などを掲げ、ストを決行し政府に挑戦した。これに対し政府と東部州知事は部族民を中心にした元イフワーン兵士を動員し強硬弾圧し二百人を逮捕した。スト指導者だったナーシル・サイードはカイロへ逃れ、同地で「アラビア半島人民連盟」を設立、その後反サウード家活動を開始した。

ところで、この元イフワーン兵士の投入は、サウジアラビア国家警備隊の発足につながることになった。アブドゥルアジーズは国家統一の過程で忠誠を誓う部族で構成されたイフワーン兵士たちをそれぞれの部族の入植地へ戻し、内外の敵からサウジアラビアを防衛するため正規軍を創設し、育成・強化することを夢見た。ヒジャーズからシャリーフ、フセインを追放後、アブドゥルアジーズはオスマン・トルコ軍に訓練されていたフセインの数千人の部隊を引き継いだが、その忠誠度については疑問視し、ヒジャーズ地方の警察的任務に就かせただけだった。このため正規軍創設の夢実現にはほど遠く、アブドゥルアジーズが信頼できた治安上の中核となったのはリヤードを含むナジド周辺の部族から徴集された約千人の遊牧民部隊（その後国王親衛隊になる）だった。一九四三年、アメリカ軍事使節団がサウジアラビアの軍事能力を調査した際の推定兵力は部族から駆り集められた四万人以下の徴集兵だった。

サウードも父王と同様に国王親衛隊に絶大な信頼を置いていたため、アラムコ労働者のスト弾圧に際し、サウード家に絶対忠誠を誓う元イフワーン兵を動員したのだった。こうして一九五六年、イフワーンの残党を主力とするサウード家に忠誠を誓う部族から徴集した約三万人で国家警備隊が創設されたのである。警備隊は近代兵器で装備され、隊員には高給が支払われた。警備隊員が風にはためく白いソーブ（外衣）を制服としたため、別名ホワイト・アーミー（白軍）とも呼ばれた。

次に、当時の国際情勢がサウジアラビアの対外関係に及ぼした影響について触れることにしたい。既にアブドゥルアジーズが存命中だった一九五三年春、アメリカのダレス国務長官が対ソ包囲網を全世界的に構築するため中東諸国を歴訪、サウジアラビアの首都リヤードにも立ち寄った。しかし、サウジアラビアはこのころエジプト革命政権がダレス構想に強く反対していたことを考慮し、即座にアメリカの構想に飛びつかなかった。イラク、ヨルダン両ハーシム王国に対抗するためにも、エジプトと結んだほうがよいと考えていたのだった。一九五四年三月の初閣議でサウードはアラブ、イスラーム諸国との協力推進を強調した上で同月末、エジプトを公式訪問した。

ところが、イラク王国がダレス構想を歓迎し、一九五五年二月、トルコとの同盟条約に調印したのに続き、同年十月、イラン、パキスタン、イギリスを含めたバグダッド条約機構が成立した。サウードはこうしたイラクの動きを、ハーシム家の野望、「豊かな三日月地帯」構想の再現であると受け止め、この脅威に対抗するためエジプト革命政権に一層接近しなければならなかった。

一九五五年三月、バグダッド条約機構に対抗するためナセルはシリアとの共同防衛条約に調印したのに続き、同年十月サウジアラビアとの相互防衛条約に調印した。同条約締結後、サウードはサウジアラビア軍の組織化と訓練教育のため、王国へエジプト軍事使節団を招いた。ところがエジプト軍将兵は肝心の訓練よりもサウジアラビア兵士にナセルのアラブ民族主義思想を吹き込んだ。またカイロのラジオ放送局は植民地主義、帝国主義攻撃だけでなく、保守的なサウード家の腐敗・堕落をも非難し始めた。サウジアラビアの王族やウラマーは、こうしたエジプトの動きがサウード家の安定を土台から揺さぶりかねないと、不安を募らせた。

一九五六年三月、サウードはエジプトを訪問し、サウジアラビア、エジプトそれにシリアを加えた三国友好協力条約を締結、次いで四月、ナセルがジェッダを訪れ、エジプト、サウジアラビア、イエメン三国共同防衛条約に調印した。さらにナセルは同年七月、イギリス、フランスの支配下に置かれていたスエズ運河会社を国有化するとの宣言を発表、植民地主義国に真っ向から挑戦した。この措置を中東世界民衆が喝采し続ける同年九月、ナセルはダハラーン、リヤードを訪れ、サウジアラビア民衆からも熱狂的歓迎を受けた。スエズ運河国有化から三ヵ月後、イスラエルはエジプトのシナイ半島に侵攻、続いて運河国有化に報復する目的でイギリスとフランス両国軍がエジプトに侵略行動を起こし、スエズ動乱（第二次中東戦争）となった。

サウードはナセルのスエズ運河国有化措置を支持、一九五六年十一月にはイギリス、フランスと外交関係を断絶、両国への石油輸出を禁止した。その結果、サウジアラビアは石油収入を大幅に減少させた上、一方ではナセルに対し巨額の資金援助を行わなければならなかった。さらにサウードは、バグダッド条約機構加盟に傾いていたハーシム家のフセイン国王を揺さぶる目的で、ヨルダン国内の反国王派に金をばらまき、「バグダッド条約反対」「アラブ民族主義万歳」を叫ばせるほど「反帝国主義」的姿勢を鮮明にした。

ナセル（左）と話し合うサウード国王

ナセル主義が吹き荒れる中で、サウードの場当たり的な内外政策の展開は、王族を中心にしたサウジアラビア支配層の間に不安感を醸成した。こうした時期に、国王の補佐役だったファイサル皇太子は、国王の行動をチェックするため、系統だった立法、行政、財政上の処理方法の確立に努めようとした。ファイサルは特に、国王とその息子たちの浪費に次ぐ浪費、対エジプト資金援助による財政逼迫を問題にした。

ナセルのスエズ運河国有化措置とイギリス、フランスへの石油禁輸はアラムコに大きな影響を及ぼし、その結果サウジアラビアの石油収入にも打撃を与えていた。一九五四年の石油収入は前年比三九パーセント・アップの二億三千六百万ドル、一九五五年は四四パーセント・アップの三億四千万ドルだったが、一九五六年には一五パーセント・ダウンし二億九千万ドルに減少した。これはサウードの無計画な浪費の結果であり、一九五八年の外国銀行への債務は一億二千万ドルにのぼり、政府職員への給与支払いの遅延など当面の支出にも困るほどだった。

民族主義のうねりに自らもコミットしたサウードは王国内の雰囲気がサウード家そのものを揺さぶるほどに、民族主義的、革命的になってしまったことに今更のように驚愕し、外交路線の「軌道修正」を迫られた。苦境脱出のため、一九五七年、サウードはナセルへの対抗手段として、サウード家の仇敵であるハーシム家と和解し、アメリカ依存へ百八十度方向転換することを決定した。その一環として、サウードは一九五七年一月末、ワシントンを訪問、時の大統領アイゼンハワーと会談した。大統領はスエズ動乱後、イギリスとフランスの影響力が著しく低下した「力の真空状態」を埋め、合わせて「国際共産主義」の脅威にさらされた中東の国々を支援するために武力行使も辞さない決意を表明した「アイゼンハワー・ドクトリン」（一九五七年一月五日）を発表していたが、サウードにもドクトリン支持を強く迫った。既に外交政策の「軌道修正」を決意していたサウードは二つ返事でドクトリン支持を約束し、ダハラーン空軍基地貸与協定の五年間延長にも同意、見返りとして、アメリカからの二千五百万ドルの借款供与を含めた経済・軍事援助の約束を取り付けた。

一九五七年四月二十一日、エジプトに雇われたとされるパレスチナ人五人が、こうした豹変的動きを取り始めたサウードを暗殺しようとする事件を起こした。また同月、ヨルダンでは軍参謀総長らの王制打倒の反乱が起き鎮圧されたが、サウードはヨルダン国王を支持する側に回っていた。

こうして中東世界で緊張が続く状況の中で、一九五八年二月一日、エジプトのナセルとシリアのクワトリ大統領は両国の国家統合で合意、アラブ連合共和国（UAR）の樹立を宣言した。これに対し、ハーシム家のイラクとヨルダンは同年二月十四日、連合アラブ王国（UAK）を樹立し対抗した。サウードはUARの発足に電撃的ショックを受けたが、表向き中立的立場をとった。しかし既にアラブ民族主義勢力には対決する決意だった。一九五八年三月、サウードはシリアの秘密諜報機関長官アブドゥルハミード・サッラージ大佐を操り、クーデターを起こさせ、ナセル暗殺を計画した。サウードは同大佐に二百万ポンドの小切手を手渡したといわれるが、サウジアラビアはこの関わりを否定した。しかしナセルはサウードの陰謀に激怒し、サウードと決定的な対決状況に陥っていった。

王国の財政危機やエジプトとの関係悪化など拙劣な外交政策を見かね、一九五八年三月二十三日、サウード家の年長王子たちはサウードに対し、国王として名目的地位にとどまり、実権をファイサルに委譲せよと迫った。困惑したサウードはファイサルに執行権を与える勅令を発布せざるを得なかった。首相に就任したファイサルは外相、内相、財政経済相を兼務し、弟のファハドを教育相、スルターンを通信相に任命した。サウードの息子ファハドは国防相留任とした。一九五八年五月、「閣僚評議会」の新規定を定めるため発布された勅令は同評議会が「規定を実施、執行し、行政を担う権威を持つ」とし、また議長の権限を大幅に強化するとした。こうして国王と内閣の権限が分けられ、国王は名目的な地位に祭り上げられた。同時に財政経済省が国家収入を管理することになり、国王の勝手な浪費に歯止めをかけることになった。アルコール依存症に陥っていた上、高血圧などのため健康を次第に損なっていたが、サウードは弟ファイサルに対しいずれ巻き返しを図り政権を奪回してやるとの思いを捨てなかった。

しかし、ファイサルはパキスタン人経済専門家をサウジアラビア通貨庁（SAMA）総裁に起用し着々と国内経済の立て直しを図った。一九五八年六月、一九五九年度予算を十三億五千五百万リヤルに抑え、国王の特別費を前年比一八パーセント削減したり、公共事業を停止、輸入は生活必需品目に限定するなど歳出削減措置を講じた。このため一九五九年には経済状況に改善が見られるようになった。しかし、翌年七月、国際石油資本が原油公示価格を引き下げた結果、石油収入は減少し経済再建にブレーキをかけたが、石油生産と輸出は著しく増大し収入も増えたため、ファイサルの経済再建政策は一定の成果を生んだ。

このようにファイサルは国内経済を改善して行ったが、実権を握ってから二ヵ月後の一九五八年七月十四日、隣国イラクでナセルのアラブ民族主義を信奉する軍将校によるハーシム王家打倒クーデター（イラク革命）が起きた。近隣アラブ諸国への革命波及を阻止するため、アメリカ海兵隊がレバノンに上陸、イギリス降下部隊もヨルダンに入った。これに対し、ファイサルはアメリカとイギリスの干渉行動を公然と非難することを控え、首相就任後に表明していた非同盟中立の立場を堅持した。ファイサルはこのイラク革命に際して、正規軍が王制を護る側でなく、革命の先鋒になった事実を見据え、王国の新しい防衛コンセプトを考え出す必要を痛感したといわれる。

イラク革命とそれに続く緊迫事態が落ち着いた一九五八年八月十五日、ファイサルはカイロでナセルと友好関係の継続を確認した。この会談の結果、ファイサルはアメリカ、イギリスのレバノン、ヨルダンへの介入を侵略として非難することに合意、アメリカとの相互防衛援助協定を事実上、停止状態にした。そうした状況の中、当初は良好な関係にあったナセルとイラク革命政権が激しく対立する情勢となり、ファイサルは一九五八年十月、中立とアラブ民族主義を基本とするサウジアラビアの独自政策を発表した。ファイサルとしてはナセル主義への同調ポーズを取り、嵐を何とか遮ろうとしたのであった。

タラール王子

ところが、政権奪回の野心を捨てていなかったサウードは、ファイサルが経済再建計画を進めていた時期に、各地の遊牧民族長やイスラーム法学者らとの親密な関係を育み、ファイサルの緊縮政策に反発していた人々を支持基盤に取り込もうと努力していた。一九六〇年十二月、サウードがファイサルの提出した予算案に署名を拒んだため、反発したファイサルは閣僚評議会議長を辞任してしまった。この結果、同年十二月二十一日、サウードが首相となり、新内閣を組閣した。ファイサル陣営の人々が入閣を拒んだことを幸いに、サウードはファイサル派を意図的に除外し、巻き返しを実のあるものにした。閣僚評議会や正規軍の主要ポストに息子たちや、当時ナセル主義に共鳴していたタラール王子（アブドゥルアジーズの十九番目の息子）、バドル王子（同二十番目の息子）らの「自由プリンス」を配置し、また平民、テクノクラートを登用した。既にタラール王子ら「自由プリンス」たちは立憲王制に基づく国家改革案を提唱していた。タラール王子は、サウード内閣で財政経済相に就任したばかりか、新設の最高計画評議会議長にも就任した。さらに、この内閣では王国始まって以来、初の平民閣僚が多数入閣した。王国初の石油鉱物資源相に任命されたアブドゥラー・タリーキもその一人であった。

一九四〇年、五〇年代、サウジアラビアの有識者たちは息子に高等教育を受けさせるため近隣諸国あるいはインドへ留学させていたが、タリーキはナジド・ズィルフィのラクダ商人の息子だった。タリーキはクウェートの高等学校修了後、サウジアラビア政府奨学金を受け、アメリカ・テキサス大学オースチン校で地質学修士の学位を得た。タリーキは一九四八年帰国、大蔵省石油監視局の技術者となり、実績が認められ、一九五六年に創設された財政経済省石油鉱物資源局の初代局長に任命された。

しかし、タリーキはアラムコによる石油の独占的支配に反対する民族主義者としても知られ、ファイサルとはうまくいっていなかった。タリーキは、長期的にすべての石油関連施設をサウジアラビアの管理下に置くことを考え、民族主義的な局長としてアラブ連盟経済委員会などを通じ、アラブの石油統一政策の実現に努力、自分の夢を現実のものにしようと意図していた。

一九六〇年七月、エクソンなど国際石油会社（メジャー）は世界石油市場での供給過剰を理由に、石油公示価格の一方的引き下げを断行した。これに対し同年九月、タリーキはバグダッドでベネズエラ、イラン、イラク、クウェートの代表とともに、産油国が一体となって石油会社に対抗することを目指した石油輸出国機構（OPEC）の創設に貢献した。

さて新内閣発足後、サウードは王国の存立の基本にパン・アラビズムを据えると宣言する一方で、コーランに基づく「政府の基本秩序」を樹立すると約束した。また「自由プリンス」の民族主義的な影響を受け、反アメリカ姿勢をとり、一九六一年三月にはアメリカに対して、一年後に満期となるダハラーン空軍基地協定の期限を延長しないと通告した。こうした姿勢を示すことで、サウードは対アラブ外交政策上、協力姿勢を取り、新味を打ち出そうとしたのだった。この間、「自由プリンス」のタラール王子が憲法制定の動きを鮮明にし始めたが、ウラマーなどが「王国の憲法はコーランに基づいたシャリーア以外にはない」として真っ向から反対し、またファイサル陣営もサウード家を損なう動きであると警鐘を乱打した。

さらにタラールがベイルート紙を通じ、サウードやファイサルの汚職・腐敗を糾弾するなど反サウード家的動きを活発化させた結果、一九六一年九月、サウードはタラール王子、バドル王子ら「自由プリンス」の三閣僚を解任した。また、同年九月二十八日、シリアでクーデターが起き、アラブ連合共和国からシリアが離脱することになった。ナセルはクーデターの背後にはサウジアラビアの陰謀があるとしてサウジアラビアを非難し始めた。同年十一月、サウードは再びイスラームとシャリーアを王国の唯一の基本的な法とし、これに反する社会主義や共産主義イデオロギーを一切禁じる法令を発布した後、内臓治療のためアメリカへ渡航した。サウードは新たな対外危機の中で、ファイサルと和解し首相代理に任命した。六二年三月、サウード帰国後、ファイサルは新内閣を組閣し、「自由プリンス」の配下だったタリーキ石油鉱物資源相らを解任した。タリーキはレバノンへ亡命した。

タリーキの後任にはアラムコの憶えも良く、ファイサルのお気に入りだったシェイク、アハマド・ザキ・ヤマーニが就任した。ヤマーニは一九三〇年、聖地メッカで生まれ、エジプトで中・高等教育を受けた後、一九五一年カイロ大学を卒業した。その後、ニューヨーク大学で比較法学を学んで修士号を取り、またハーバード大学でも一九五六年哲学博士の学位を取得したという秀才であった。同年帰国し、当時サウジアラビアで創設されたばかりの弁護士制度のもとで同国最初の弁護士の一人となった。次いでヤマーニは大蔵省石油鉱物資源局および税務局の政治法律顧問（一九五六―五八年）を経て、閣僚評議会の政府法律顧問（一九五八―六〇年）を歴任、一九六〇年には閣僚評議会のメンバーとなった。ヤマーニの学識、知的に洗練された感覚、それでいてサウジアラビア伝統のシャリーアにのっとった法解釈、さらにその恭《うやうや》しい礼儀作法に惚れ込んだファイサルが、当時三十二歳だったこの人物を石油鉱物資源相に抜擢したのである。その後、ファイサルは暗殺される一九七五年までヤマーニを愛し、ヤマーニの方もファイサルを父親の

ヤマーニ石油鉱物資源相　AP/WWP

ように尊敬した。一九六二年八月、閣議はタラール王子ら「自由プリンス」の王籍剝奪を決定したため五王子はカイロへ亡命した。

不安定な国内政治情勢の中、王国を外から大きく揺さぶる事件がまたしても起きた。一九六二年九月二十六日、イエメンで新イマームになったばかりのムハンマド・バドルを親ナセル派アブドゥラー・サラール大佐率いる軍が打倒したイエメン革命であった。約百年続いたイマーム国家を打倒、イエメン・アラブ共和国を宣言し、サラールが大統領に就任した。

革命から五日後、新政権を承認したエジプトは三千人の軍隊を革命軍側を支援するために派遣した。国家安全保障に重大な脅威を感じたサウードはイマーム派支援を決め、ジェッダにイマーム派亡命政権の樹立を許可した。サウジアラビアは亡命政権側に武器や資金援助を開始し、空軍がイマーム派への空輸を始めたが、空軍将兵の中にはナセル主義者がおり、飛行士がエジプトへ亡命する事件も相次いだ。一九六二年十月十五日付CIAの「大統領情報チェック・リスト」は当時の王国の様子を次のように伝えた。

「サウード国王はきわめて衰弱した健康状態にあり、猜疑心が横溢している。精神に異常をきたし、イエメンのことで苛立っている。もう長くはもたないかも知れない。ファイサルを支持する王子たちの一部は国王を強制的に退位させようと計画している」

一九六二年十一月に入ると、イエメン駐留のエジプト軍機はほぼ連日、サウジアラビア国境を爆撃し始めた。アメリカのケネディ大統領は十一月末、エジプト軍がイエメンを撤退し、サウジアラビアはイマーム派支援を停止することを内容とする調停案を提示した。イエメン新政権をソ連など東欧諸国が承認したため、ケネディ政権はアラビア半島への共産主義の浸透を懸念し、十二月十九日、新政権承認に踏み切った。イギリスやアメリカはサウジアラビアに大々的な軍事援助を開始した。

こうしてイエメン内戦はエジプト対アメリカ・イギリスの支援を受けたサウジアラビアとの代理戦争の形を取り、泥沼化し消耗戦争に発展した。一九六三年三月以降、国連とアメリカの調停活動が活発化し、七月には国連監視部隊がイエメンに配備されたが、小部隊だったため成果を上げられず、結局撤退した。

一方、サウジアラビアからの援助を受けたイマーム派は一九六四年に入ると、エジプト軍に対する攻撃を激化させた。これに対しエジプトは部隊を六万人に増強して対抗したが、軍事的勝利を得ることが出来なかった。このためナセルは武力によるイエメン制圧をあきらめ、一方首相の任にあったファイサル皇太子もエジプトとの対決回避を模索していたこともあり、同年六月、エジプトと外交関係を復活し、話し合いによる解決を探ることになった。

その後、共和国派とイマーム派との交渉が行われ、八月末、ナセルとファイサルは、サウジアラビアのイマーム派への軍事援助の停止、エジプト軍の撤退、イエメン問題解決のための基本的枠組みなどを定めたジェッダ協定に調印した。しかし、戦闘は散発的に続き、一九六六年初め、サウジアラビアがアメリカ、イギリスから近代兵器を購入していたことに反発したナセルはジェッダ協定を破棄してしまった。同年春ごろからエジプト軍が戦闘を激化、交渉による解決を袋小路に追い込んだ。

さて、この間イエメン内戦でエジプトの脅威に直面したさなかの、一九六二年十月初め、ファイサル皇太子はワシントンでケネディ大統領と会談していた。ケネディはファイサルに対してイエメン革命とそれを支持するエジプトの脅威からサウジアラビアを防衛するには、王国の政治、経済、社会改革を推進し、国民の信頼と忠誠を勝ち取ることだと諭したといわれる。一九六二年十月後半、ファイサルは帰国したが、イマーム派支援を説くファイサル陣営の王子たちは、この危急の時に統治能力を喪失したサウードを退け、ファイサルに全権を委譲する以外の道は残されていないという声を強めていた。

こうして一九六二年十一月初め、ファイサルは新内閣を組閣した。反サウードの雰囲気を反映して、閣僚には一九五三年以来初めてサウードの息子たちが入っておらず、また一九六〇年代にサウード内閣の下で閣僚だった人々も含まれていなかった。ファイサル自身は首相・外相を兼務し、国防相にはスルターンを、内相にはファハドをそれぞれ任命したが、いずれも異母弟だった。これに対しサウード国王の息子たち、ムハンマド国防相、バンダル・リヤード州知事、サアド国家警備隊司令官はそれぞれのポストから追放された。ファイサルはさらにリヤード州知事に異母弟のサルマンを、国家警備隊司令官にはアブドゥラーを任命、またメッカ州知事にアブドゥラー・イブン・サウードに代わって、ミシャーリーを抜擢した。

こうしてファイサルはケネディの勧めもあって、一九六二年十一月、有名な「十項目改革プログラム」を発表した。布告によると、その内容は①シャリーアの枠内での基本法（憲法に相当する）の制定、②地方行政制度の整備、③司法機関の整備、④財政再建と社会基盤整備を含めた開発の推進、⑤社会、保健、社会保障の充実、⑥奴隷制度の廃止などとなっていた。この結果、アメリカなど世界で悪評の高かった奴隷制度は十一月七日の廃止令で、ようやくなくなった。

一九六三年一月、ファイサルはイエメン危機に対処するため総動員令を発布し、アメリカに援助を要請した。ところがこのころ、ヨーロッパ各国で約一年間病気治療を行っていたサウードが帰国し、ファイサルが自分の不在中に国王親衛隊をイエメン国境方面に移動させたことに激怒し、各地の部族に金をばら撒き支持基盤を固めようとした。また一九六三年末から翌年初めにかけて、タラール王子ら「自由プリンス」五人がファイサルに詫びを入れ、亡命先のエジプトから帰国し、ファイサル派に加わったこともサウードにとっては面白くなかった。

しかも一九六四年一月、ナセルが招集した初のアラブ首脳会議に、サウードは国家元首である自分が出席すると言い張り、一方ファイサルは国家政策の全責任を握っているのは自分であると言って争った。サウードは子飼いの国王親衛隊をナーシリヤ王宮の周りに配備、これに対しファイサルは国家警備隊を動員した。まさに一触即発の重大事態の到来であった。しかし事態を憂慮したウラマーが中に入り、サウードのアラブ首脳会議出席と、ファイサルへの全権付与という形で調停を行い、危機をひとまず回避した。

アラブ首脳会議から帰国し二ヵ月後の一九六四年三月、サウードは実権掌握を再び要求し、ファイサルに首相辞任を迫った。ファイサル派は軍や部族長を結集し、サウードの廃位とファイサル擁立に動き出した。同年三月二十二日、リヤードで開かれた「最高ウラマー会議」はサウードが名目的な国王の称号を保つが、ファイサルに統治の全権限を付与するとの決定を下した。しかしサウードはこの「最高ウラマー会議」の決定を拒否、国王親衛隊を動員した。ファイサル派は三月二十六日、サウードの息子で国王親衛隊長官のスルターンの自宅を急襲し、逮捕した結果、サウードもついに観念した。三月二十九日、二十人の上級ウラマーとサウード家の六十八人の王子たちが集まり、ファトワー（権威あるイスラーム法学者の意見）を発表した。ファトワーは次のような内容を盛り込んでいた。

①サウード国王は国王としてとどまるが、シャリーア及び王国の現法令に従って国王が執行してきた法律、行政、司法などすべての責任はファイサルに委譲される。国王代理のファイサ

ルはこうした責任と権限を遂行する責任を持った唯一の人物と見なされる。
②国家元首、国軍最高司令官としての国王に認められているシャリーアと法令のすべての規定は、以上の決定によってアミール、ファイサルに認められるものとする。
同日、ファイサルと閣僚評議会はこのファトワーに従うことを誓った。閣僚評議会は、①国王親衛隊を国防省の管轄下に、また国王のボディガードを内務省の管轄下にそれぞれ移管すること、②サウードの支出金をそれまでの半額四千万ドルにすることを決定した。もはやサウードの国王としての命運は全く尽きてしまったのである。

その後、一九六四年十月末、主要王族約百人が出席した「最高王族会議」が開かれ、サウードの失政を糾弾し、ファイサル国王代理を国王に推戴することを決定した。これを受けて同年十一月初め、「最高ウラマー会議」は「最高王族会議」の決定を是認するファトワーを出し、長老王子たちがこのファトワーをサウードに伝達、サウードはファトワーに応じざるを得ず退位し、ギリシャに亡命した。

ファイサル第三代国王　AP/WWP

国王就任直後の一九六四年十一月十八日、ファイサルはまず、閣僚評議会の機構改革に関する修正勅令を発し、国家元首である国王と政府首班である首相の一体化を図った。同時にハーリド王子を閣僚評議会副議長に任命し、ハーリドを長とする「高等委員会」を新設した。またファイサルは自分がコントロールできる異母弟の王子たちを主要ポストに任命した。たとえば、「スデイリ・セブン」のファハド、スルターン両王子をそれぞれ内相、国防相という要職に就任させ、またアブドゥラー王子を国家警備隊司令官に任命した。こうしてアブドゥルアジーズの死後約十年間、内外ともに疾風怒濤の荒波にもまれ続けてきたサウジアラビアは新国王ファイサルの舵取りの下で新しい船出をすることになった。

第8章　意欲的な国土開発

一九六四年十一月、兄サウードを追放し国王に就任した後、ファイサルはさまざまな行政機構を設け、王国の近代化に対応する体制を整えていった。もとより、その基本となったのはファイサルがちょうど二年前に発表していた前述の「十項目改革プログラム」であった。プログラム発表時に行った特別ラジオ放送で、ファイサルは次のように言っていた。

「サウジアラビアでは過去において、政府の形態にはある程度の進展がみられたが、これは社会の発展を反映したものであり、同時に社会をより一層高レベルにさせようとしたものであった。陛下の政府は、今やコーラン、預言者のスンナ、それに正統四カリフの行動に基づいた基本法制定の時がやってきたと考える。基本法は政府の基本的諸原則と、支配者と被支配者との関係を明示し、国家のさまざまな権限を定め、さらにイスラーム信仰の範囲内で自由に意見を表明する権利を含めた基本的な市民権を規定することになろう」

だが、実権を掌握した後、ファイサルは次のように語るようになった。

「憲法？　何のために？　コーランが世界で一番古く、かつ効果的な憲法である。選挙？　議会？　隣接する国々での不幸な経験を見たではないか。そんなことはすべて忘れた方がよい。私を信じなさい。イスラームは十分柔軟性を持ち、はるか遠くまで見通している宗教であり、わが国民の幸福を確かなものにしてくれる」

こうして、基本法制定や諮問評議会の創設などの政治改革は棚上げされてしまった。これに対し、石油収入の増大を背景に「十項目改革プログラム」の社会的・経済的開発を一挙に進め、サウジアラビアを「福祉国家」に変貌させる試みを意欲的に進めた。プロローグで紹介した通り、「レンティア国家」においては、国家が国民の福祉増進に努めれば、国民は政治への参加を否認されても致し方ないという考えが背景にあったのだろう。

一九六〇年代以前のサウジアラビアで開発と言えば、ほとんどが石油関連の、つまりアラムコのためのものばかりであった。アメリカのベクテル社が住宅、道路、発電プラント、港湾施設、パイプラインを建設したが、すべてアラムコ用のものばかりであった。たとえば一九六四年までアラムコ専用の舗装道路を除けば、サウジアラビアの舗装道路はジェッダ―メディーナ―メッカの地域に限られていた。それがプログラムの下で主要都市間の道路網整備、ジェッダ、ダンマーン両港の拡張、発電所や給水施設の建設などを相次いで進めた。このプログラム発表と同時に、石油産業振興のため、石油鉱物資源省管轄下の準独立機関として「ペトロミン」（石油鉱物公団）が設立された。その後「ペトロミン」は一九六七年十二月、ジェッダの鉄鋼圧延工場で鉄鋼生産に乗り出し、一九六九年にはダンマーンで石油化学事業を開始した。

ファイサルは改革プログラムに沿って、医療・保健分野における改善、社会福祉制度の充実にも努めた。さらに教育には特に力を入れ一九六〇年からの約十年間で小学校の数を五百校から三倍にしたほか、高等教育分野でもいくつかの大学を新設するなど意欲的だった。さらに父王アブドゥルアジーズが「学ぶことで女にはならない」と女子教育不要論を展開したのに対し、ファイサルは女子教育にも力を入れ始めた。

またファイサルは自動電話システムの設置のほか、一九六五年六月、テレビの導入に踏み切った。ところが、イスラーム法学者などの保守的な宗教グループはファイサルが進める近代化はイスラームの伝統に反するとの声を挙げた。自動電話は見ず知らずの男女が互いにコールし合うことができるという理由で反対された。なにしろ、このころ最高位ウラマーの一人だったアブドゥルアジーズ・イブン・バーズはコペルニクスの地動説を退け「地球は平坦である」とし天動説を大真面目で論ずる一文を新聞で発表したくらいだった。一九六五年九月末、テレビ局開設に反対するイスラーム原理主義グループが首都リヤードでデモを行いファイサルの政策に異を唱えた。このグループの中にはファイサル国王の甥、ハーリド・イブン・ムサーイド王子も加わっていたが、ファイサル派遣の警察長官によって射殺されてしまった。ハーリド王子の弟が約十年後、ファイサルを暗殺したのは、この時の兄の死に対する報復であったとする見方が有力である。ちなみに、王国でテレビ放映が開始されたのは射殺事件の二年後のことであった。

王国の近代化を進める一方で、ファイサルはこれらのイスラーム原理主義者をなだめる措置も実行した。原理主義者が華美な装飾に堕しており反イスラーム的であると非難していたミナレット（モスクの尖塔）の建設を制限したり、政府職員には同僚と共に祈りを必ず捧げさせ、怠った場合には罰金や罰を課した。

ファイサルは政権の安泰を図るため、王族内の勢力バランスをとることを考えた。一九六五年三月末、異母弟のハーリドを皇太子に指名したが、それ以前にスデイリ家出身の母を持った「スデイリ・セブン」のファハド王子を内相に、スルターンを国防相に、またシャンマル族の母を持つアブドゥラーを国家警備隊司令官にそれぞれ任命した。異母弟、従兄弟、甥などの若い王子たちを政治的に重要なポストに任命したほか、サウード時代、ナセルにかぶれ、その後カイロに政治亡命していた「自由プリンス」五人も、一九六四年春までに帰国を許し、その後州知事や副知事、次官クラスの地位に就けた。

一九六五年一月、「中央計画機関」（CPO）が設立され、サウジアラビアの経済状態についての分析、定期的な報告に基づく長期開発計画のための青写真づくりが始まった。またファイサルは近代化路線推進に当たって、アメリカやヨーロッパ諸国で教育を受けたテクノクラートを重用し、政府、官僚機構にどしどし起用した。既に石油鉱物資源相に任命していたヤマーニや一九六八年初め、CPO初代総裁に抜擢した石油鉱物資源省次官のヒシャーム・ナーゼル（その後計画相、ヤマーニ辞任後の石油鉱物資源相を歴任）といった人々がファイサルお気に入りの実力派テクノクラートであった。

第6章で取り上げた通り、建国の父アブドゥルアジーズは晩年にアメリカとの密接な関係を築き上げたが、そのころまでに出来あがっていた王国の対外政策の三本柱は①パン・アラビズム、②パン・イスラーミズム、③アメリカとの緊密な関係であった。既に私たちが知った通り、第二代国王サウードはまずナセルに協力することで①になびき、やがてアイゼンハワー・ドクトリンを受け入れ③の方向へ転じたが、確固とした信念を持って対外政策を決めたわけではなかった。

ファイサルが国王に就任後、練り直した対外政策は、ナセルに代表された①のパン・アラビズムに代わって、イスラーム諸国を結集し②のパン・イスラーミズムに訴えることであった。また、サウジアラビア防衛のためアメリカとの協力関係を一層推進し、アメリカから軍事援助を受ける③を中心とした。イスラーム諸国結集に関しては、国王就任後二年間に世界中のほとんどのイスラーム諸国を訪問し、パン・イスラーム的メッセージを強調した。国王就任前のことだが、ファイサルは次のように語っている。

「われわれは外国のしきたり、習慣を輸入する必要はない。われわれには歴史があり、栄光ある過去がある。われわれはアラブと世界を率いてきた。われわれが成し遂げたことそのものによって、また神の言葉と預言者のシャリーアによって彼らを指導する」

③のアメリカとの協力関係の推進について言えば、既に王国防衛の必要を痛感していたファイサルはアメリカに一層の協力を要請した。ケネディ政権がナセルのエジプトを共産主義の浸透を阻止する「緩衝国」と考えたのに対して、次のジョンソン政権はファイサルが主張したサウジアラビア軍近代化計画に賛同、イギリスとともに四億ドル相当のサウジアラビア防衛計画に加わったばかりでなく、一九六四年六月にはサウジアラビア国内にアメリカ軍事技術団（COE）の事務所を設置し、軍事関連施設の建設に当たった。一九六六年六月、ファイサルはアメリカを訪問、ジョンソン大統領と会談し、同年九月、アメリカがサウジアラビア軍に一億ドル相当の戦闘車両を売却する協定を結んだ。サウジアラビアとアメリカとの強固な軍事協力体制ができあがったのである。

一九六七年六月、イスラエルの電撃作戦で開始された第三次中東戦争は、アラブ側のエジプト、シリア、ヨルダン三国の壊滅的な大敗北となり、エジプトはガザを含めたシナイ半島全域を、シリアは戦略の要衝ゴラン高原を、ヨルダンはエルサレム旧市を含むヨルダン川西岸をイスラエルに占領されてしまった。アラブ諸国の大敗北はアラブ諸国民に極めて大きな衝撃を与え、サウジアラビアも屈辱感を味わった。だがアラブ民族主義の急進派だったエジプトとシリアが敗れ、アラブ世界内での政治力を低下させたことは、サウジアラビアを取り囲んでいた政治的環境の変化という点では「歓迎」すべきことだった。しかしイスラエルを支援してきたアメリカ、イギリスに対するアラブ、イスラーム世界民衆の憤激がいつ保守派諸国の指導者にも向けられるかわからず、ファイサルは不安であった。このためファイサルはイスラーム第三の聖地エルサレムがイスラエルに奪われたことを重大視するパン・イスラーミズムの立場を一層際立たせ、これにより、アラブ民衆がイスラエルに対する憎悪をかき立てるように転化しようとした。

第三次中東戦争後、一九六七年八月末から九月初めまで、スーダンの首都ハルツームで開催されたアラブ首脳会議はイスラエルに対し「和平せず、交渉せず、承認せず」という「三つのノー」で対決することを決定した。壊滅的敗北で打ちのめされていたナセルとは対照的に、ファイサルは勝ち誇った表情に満ち溢れていた。何故ならこの会議期間中、ファイサルと行った会談でナセルはイエメンから三ヵ月以内にエジプト軍を無条件撤退させることに合意せざるを得なかったからである。その代償にサウジアラビア、クウェート、リビアの王制三ヵ国は戦争で損害を被ったエジプトに毎年一億六千六百万ドル（うちサウジアラビアは一億五千四百万ドル）の援助を行うことになった。一九六四年には既に五億二千万ドルの石油収入があったサウジアラビアは、こうして、アラブ民族主義の雄だったナセルの腕をねじ上げるとともに、一躍アラブ世界の一大強国として躍り出たのである。サウジアラビアの通貨リヤルを政治的に使用した「リヤル・ポリティック」（「リヤル外交」ともいう）の始まりであった。

しかし、サウジアラビア周辺では、またまた急進的勢力が台頭しソ連の浸透が始まる一方、イランがガルフの支配権を握ろうと動き始めた。一九六七年十一月、イギリス撤退後の南アラビア（アデン）には親ソ的な民族解放戦線政権が成立し、一九六九年にはオマーン・ドファール地方の反政府勢力（一九六八年九月には「占領下アラビア半島解放人民戦線」と称す）を支援し、革命運動をサウジアラビアなど周辺地域に拡大しようとしていた。またイラクでは一九六八年七月、急進的なバース党政権が発足、一九六九年五月には、エジプトの隣国スーダンでヌメイリ大佐率いる親ナセル・クーデターが成功し、次いで四ヵ月後、リビアでもイドリス王制を打倒するカダーフィ大佐の軍事クーデターが成功した。ファイサルはこれら一連の動きを深く憂慮したが、それ以上に同年六月、サウジアラビア空軍将校六十人がサウード家王族を殺害した後に、「アラビア半島共和国」の樹立を目指すクーデター計画が摘発され、大きなショックを受けた。一方、一九七一年末までに、イギリスがガルフ地域から撤退することが決まり、イランが「力の真空」を埋める動きを積極化し始めたが、サウジアラビアはイランと協調することで事態を乗り切ろうとした。

第三次中東戦争に敗北した後、ナセルは再びソ連の援助を受け、軍隊を立て直し、一九六九年三月にはイスラエルとの「消耗戦争」を開始した。同時にナセルはソ連の直接軍事支援を要請した結果、一九七〇年初めまでに一万七千人のソ連軍事顧問がエジプト国内各地に配置された。ファイサルは聖地エルサレム奪回のためにもパレスチナ解放機構（PLO）に対して財政援助を行うようになった。ところが、一九六九年八月、イスラエル占領下エルサレムのアル・アクサー・モスクが異常なオーストラリア人によって放火され炎上する事件が起き、イスラーム世界の世論が沸騰したのを機に、ファイサルはイスラーム首脳会議の開催を工作した。既にファイサルは国王就任以前（一九六二年）の巡礼期間中に「ムスリム世界連盟」設立構想を提示し、四十三ヵ国の賛成を勝ち得ていたが、ファイサルの工作の結果、一九六九年九月、モロッコのラバトで二十五ヵ国が参加してイスラーム諸国首脳会議が開かれ「イスラーム諸国会議機構」の設置が決まった。

イスラエルとエジプトとの「消耗戦争」はなおも続いていたが、一九六九年十二月、ラバトでアラブ首脳会議が開催される直前、アメリカのロジャーズ国務長官はイスラエルのアラブ占領地からの全面撤退と一時停戦を内容とする提案（「ロジャーズ提案」）を行い、手詰まりの局面を一挙に打開しようとした。アメリカの提案にエジプトも同意した結果、一九七〇年八月七日、一時停戦が実現し、国連特使を仲介役にした交渉へこぎつけた。「ロジャーズ提案」に対してヨルダン国内を本拠地としていたパレスチナ武装勢力が強く反発し、アメリカやヨーロッパの民間航空機を連続ハイジャックする事件を起こした。このためヨルダンのフセイン国王は武装勢力の弾圧作戦（「黒い九月」として知られる）を開始した。ところが、ナセルはアラブ同士の、ヨルダン内戦を終結させる和解工作の疲労から同年九月末、急死してしまった。副大統領だったアンワル・サダトが大統領に就任、直ちにナセルの親ソ連路線を転換し始め、一九七一年五月には親ソ派閣僚を一掃した。またシリアでも一九七〇年十一月、バース党穏健派ハフェズ・アル・アサドが親ソ連派バース党急進派グループを追放した。こうしてアラブ世界の潮流はサウジアラビアに有利に展開し始めた。

ファイサルは、ナセルの死から約二ヵ月後、義弟で情報局長官、カマール・アドハムをカイロへ送り、サダトにソ連人軍事顧問団追放を説得させ、さらに一九七一年六月、自らもカイロでサダトと会談した。サウジアラビア側の働き掛けの結果、サダトは一九七二年七月八日、ソ連軍事顧問団の追放に踏み切った。同年四月にはサウジアラビアはシリアとも経済・貿易協定を締結した。これらの背景にはサウジアラビアによる「リヤル・ポリティック」が大いに作用していたことは間違いない。こうしてファイサルはソ連と密接で、民族主義に傾倒していたアラブ急進派諸国を次々に陥落させることに成功していった。

サウジアラビアは周辺諸国にはばかることなく、アメリカに協力を仰ぐ絶好の状況がやってきたのだが、ファイサルの心中には不安もあった。イスラエルの守護国、アメリカがイスラエルに占領地からの撤退を説得し、平和をもたらすのにあまりにも多くの時間がかかれば、その間に再びアラブの急進グループが登場し、アメリカと強く結んだサウジアラビアに対し挑戦してくるのではないかという不安であった。一九七三年三月にはパレスチナ人過激派がスーダン・ハルツームのサウジアラビア大使館を襲撃し、三人の外交官を殺害した事件はその不安を現実化させたものであった。

しかしサウジアラビアは既に、一九七〇年アメリカ国防総省にサウジアラビア国防力の評価と軍近代化計画の立案を依頼し、一九七一年には国家警備隊の役割評価とその能力向上プランについて依頼した。また同年、イギリス軍のガルフ引き揚げに伴い、サウジアラビア海軍を充実させる二十ヵ年計画に関する協定を締結した。これには港湾施設の建設や物資・兵員訓練援助も含まれた。さらに一九七二年、軍兵站に関する開発協定に調印し、一九七三年三月には国家警備隊近代化七ヵ年計画のための武器協力協定を締結した。

以上のような取り決めを相次いで行うことができたのは、もちろんサウジアラビアが巨額の資金力を保有していたからである。一九六四年五億二千万ドルだった石油収入は一九六八年には九億二千万ドルに、一九七二年には二十七億ドルに増大していた。ちなみに一九七三年の石油価格の急騰の結果、一九七五年には二百五十七億ドルにも跳ね上がっている。サウジアラビアがこうした、有り余った石油収入を投じて親ソ連派諸国を「転向」させたり、アラブあるいはイスラーム諸国を王国の基準に従って「友好国」か「敵性国」かを選別した上で資金援助を行う「伝家の宝刀」の感さえもち始めていた「リヤル・ポリティック」を顕著に展開するのは一九七〇年代半ば以降のことであった。

第9章　石油武器の発動

エジプトとシリアに対し、サウジアラビアが「リヤル・ポリティック」を背景に強い影響力を行使した結果、両国とサウジアラビアとの関係は改善し、一方、サウジアラビアはアラブ・イスラエル紛争を従来のパン・アラビズムという枠組みから、パン・イスラーミズムという枠組みの中で捉える形に変えさせた。同時に、そもそも共産主義は無神論で神を唯一絶対とするイスラームとは対立すると考え、反共産主義的立場をとっていたファイサルは、前述した通り一九七二年夏、サダトにソ連軍事顧問団を追放させることに成功したが、この結果「カイロ＝リヤード枢軸」と呼ばれた同盟関係が生まれた。

サダトは既に政治的にはソ連離れをしていたが、武器供給源としては当時ソ連以外に頼る国がなかったため、一九七二年十月、ソ連と武器取引協定を締結した。そしてサダトは、イスラエルに占領されているシナイ半島のスエズ運河東岸を一部でも奪回する限定戦争の準備を進めていた。一九七三年一月末のアラブ国防相会議で、サウジアラビアはエジプトがソ連製武器を購入する代金の肩代わり支払いを約束、同年中にサウジアラビアを含めたガルフのアラブ産油国はエジプトに約五億ドルの資金援助を行った。

当時、アメリカのニクソン大統領とキッシンジャー国家安全保障問題担当特別補佐官は、全占領地からのイスラエル軍の撤退を求めた「ロジャーズ提案」を事実上放棄し、イスラエルの占領地からの撤退は不可能であり、エジプトはアメリカの仲介でイスラエルとの秘密交渉に入るべきであると主張していた。キッシンジャーはアメリカが友邦イスラエルへ湯水のごとく武器援助を継続すれば、アラブ諸国は武器供給源としてのソ連の限界を悟り、アメリカの仲介を求めてこざるを得ないだろうと考えたのだった。

情勢は行き詰まりを見せた。しかしファイサルはエジプトがソ連人軍事顧問団を追放したのだから、アメリカは中東問題でもっと公平な立場に立ってしかるべきだとの考え方だった。だがアメリカがイスラエル支持の姿勢を一向に変える様子になかったため、ファイサルは一九七三年四月、ヤマーニ石油鉱物資源相をアメリカへ派遣、アメリカがイスラエル支援に固執するなら、サウジアラビアが石油を武器として使用する可能性について初めて示唆させた。同年五月には、ファイサル自身がアラムコ社長と親会社幹部に「アメリカがもっとアラブの大義に支持を寄せなければ、中東におけるアメリカの権益は失われるだろう」と警告したが、アメリカ政府はこれらの警告を無視した。一九七三年八月、サダトはイスラエルとの開戦に備え、サウジアラビアの協力を求めるためリヤードを訪れた。ファイサルは石油武器の使用についてサダトに同意する旨伝え、直ちに五億ドルの資金を提供した。

一九七三年十月六日、エジプト、シリア両軍は相呼応してイスラエルに対する戦闘を同時に開始し、第四次中東戦争が勃発した。アラブ側は緒戦で優勢に戦いを展開したが、十月半ば頃までに、アメリカから大量の武器を緊急空輸されたイスラエルが態勢を整え直し、反撃に転じ始めた。十月十六日、クウェートのシェラトン・ホテルに集まった石油輸出国機構（OPEC）に加わるガルフ六ヵ国の代表は原油の公示価格を一バレル当たり三ドル一セントから五ドル十一セントへと七〇パーセントの引き上げを発表した。この会議で石油を政治的武器として使うことについても議論が及んだが、サウジアラビアはアメリカへの全面禁輸にためらいを見せていた。ヤマーニ石油鉱物資源相はこの会議を終え、リヤードに戻ってファイサル国王と協議したが、その時のことを「国王はアメリカに対し戦争に介入しないチャンスを与えることをなおも望んでいた。そこで、われわれは生産量を月に五パーセントだけ削減することにした。全面的な禁輸は事態に全く望みが無くなったと感じた場合にだけ行うことになった」と語っている。親アメリカ的立場に立っていたファイサルは最後の土壇場まで、アメリカに対し厳しい措置を取ることをためらっていたのである。

十月十七日夜、クウェートに再び集まったアラブ石油輸出国機構（ＯＡＰＥＣ）の石油相たちはヤマーニが作成した声明文を発表した。この声明で、アラブ産油国は①十月以降の原油生産量を九月の平均生産量実績の五パーセントを下回らない比率で削減すること、②イスラエルがアラブ領土から完全撤退し、かつパレスチナ人の民族的諸権利が回復されない限り、十一月以降も毎月さらに五パーセント削減を続けること、③アラブの友好国に対してはこの措置を適用しないこと――という「石油を武器とする戦略」を発動した。

サウジアラビアはこの段階でもアメリカに対する全面禁輸をためらっていたが、十月十八日、ニクソン大統領は議会に対し二十二億ドルの対イスラエル緊急軍事援助を要請した。このニュースを受けた翌日夜、ファイサルはアメリカとオランダに対する全面禁輸の実施を発表した。

サウジアラビアは十月に一〇パーセントの生産削減、十一月には二五パーセントの削減と十二月からの五パーセント削減を決めた。当時サウジアラビアの生産量は全世界生産量の二〇パーセント、アラブ産油国総生産量の二〇パーセントを占めていた。石油禁輸措置が発表される以前の数年間、アメリカ、西ヨーロッパ、日本は経済ブームに沸き石油に対し需要を高めていた。しかもアメリカは一九七二年、石油の二七・八パーセントを、一九七三年三四・九パーセントをそれぞれ輸入に依存するようになっており、ヨーロッパ諸国のエネルギー需要に占める割合のうち石油依存率は六八・八パーセント、そのうち七六パーセントが中東、北アフリカ原油だった。世界中がパニック状態に陥り、経済的、社会的混乱が起こった。

「友好国」と考えていたサウジアラビアによる石油戦略の発動に驚いたアメリカのキッシンジャー国務長官は一九七三年十一月、リヤードを訪れ、ファイサルに禁輸解除を要請したが、ファイサルは応じなかった。同年十二月テヘランで開かれたOPEC石油相会議は一九七四年一月から原油公示価格を十月の新価格の二・一二倍に引き上げる決定を行った。この結果、一九七四年一月以降、一バレル当たりの公示価格は十一・六五ドルに跳ね上がった。ただし、ファイサルとヤマーニはこの高価格が世界経済に深刻な影響を及ぼすことを憂慮した。その後一九七四年中、アメリカが価格引き下げを迫ったこともあり、サウジアラビアは次第に価格の引き下げに傾くようになった。しかし、一九七四年十二月のOPEC総会で決まった石油価格は一バレル十ドル十二セントで、わずかな引き下げでしかなかった。

サウジアラビアの石油収入は一九七〇年の十二億ドル、一九七三年の四十三億ドルから一九七四年には一挙に二百二十六億ドルへと急増した。国内総生産（GDP）は一年間で約二五〇パーセントも増える結果になったの

サウジアラビアの原油生産量
（単位：バレル／日量）

1973年	7,600,000
1974	8,500,000
1975	7,100,000
1976	8,600,000

サウジアラビアの石油収入
（1970－76年）

1970年	12億ドル
1971	18
1972	27
1973	43
1974	226
1975	257
1976	308

出所：SAMA年次報告

である。

結局、一九七三年十一月から一九七四年三月までの間に、キッシンジャー国務長官はリヤードを何度か訪問し、ファイサルと会談を行った。また同長官によるエジプト・イスラエル兵力引き離し協定交渉も進展を見せ始め、一九七三年十二月ジュネーブで中東和平会議が開催され、一九七四年三月十八日、サウジアラビアを含む大部分のアラブ産油国がアメリカに対する石油禁輸措置の解除を発表した。しかしサウジアラビアの石油戦略発動により、アメリカに一定の政治的圧力を加えることができた結果、サウジアラビアはアラブ、イスラーム世界での指導力を著しく高めた。

石油武器戦略の発動と、その結果としての原油価格の急上昇によって、巨額の石油収入を懐にしたサウジアラビアは未曾有の巨額の財政支出を行うことになった。道路、港湾施設、病院、学校の建設など大規模な国土開発を開始し、また軍事力近代化のためアメリカ、イギリス、フランスに大量の兵器発注を相次いで行った。その他、アラブ、イスラーム諸国を選別し、巨額の資金をばら撒く「リヤル・ポリティック」を華々しく展開し始めた。

アメリカ国防総省は一九七四年四月から六月まで、王国の軍事力調査を行い、同年六月初めファハド王子（副首相兼内相）はアメリカとの経済・軍事協力協定に調印した。同年十月発表された国防総省の調査報告書は、十年間で、サウジアラビア陸軍の兵員を四万五千人から七万二千人に、空軍を一万四千人から二万二千人に、海軍を数百人から三千九百人に増強する必要を指摘した。一九七四年四月アメリカとサウジアラビアは国家警備隊近代化計画に関し三億三千五百万ドルの協定に調印した。

一九七五年一月、アメリカは王国側とF－5E／F戦闘機六十機を七億五千万ドルで売却する契約に調印した。アメリカの王国に対する軍需品売却は一九七三－七四会計年度で合計四億五千九百万ドルだったが、一九七四－七五会計年度では十九億九千三百万ドルにものぼり、これは当時イランを除くと世界最高の売却額であった。

ファイサルはイスラームを王国統治の基本に据えながらも、軍備を含めた近代化推進のためアメリカとの協力関係を積極的に進めてきた。ところが一九七五年三月二十五日、ファイサルは突然、甥のファイサル・イブン・ムサーイド王子によって暗殺されてしまった。王国に危機が訪れたが、支配体制は磐石であった。王位継承に関する国王の諮問機関である「最高王族会議」が開かれ、国王の後継者にはハーリド皇太子がスムーズに昇格した。また後任皇太子（閣僚評議会第一副議長）には十年以上も内相を務め、行政経験の豊かなファハド王子が昇格した。さらに閣僚評議会第二副議長には、ファハドの異母弟アブドゥラー王子が就任、国家警備隊司令官も引き続き務めることになった。外相にはファイサルの四男サウードが就くことになった。

新国王ハーリドは温和な人柄であったが、遊牧民気質が強く「砂漠の男」といわれ、国政よ

ハーリド第四代国王　AP/WWP

りも砂漠で鷹狩りをする方を好んだ。その上、就任当初から病身だったため、閣僚評議会を取り仕切ることになったファハド皇太子が事実上の実務処理を行った。ファハドは周辺をスルターン国防航空相、ナーイフ内相といった同腹の「スデイリ・セブン」で固めた。

　こうしてハーリド＝ファハド体制はファイサル前国王が進めてきたアメリカとの協力を基本にした近代化推進路線を継承したが、一九七五年五月の閣議は総額千四百二十億ドルの第二次五ヵ年計画を承認した。ファイサル時代の第一次五ヵ年計画（一九七〇—七五年）は総額百十億ドルであったので、その規模はほぼ十倍となった。第二次五ヵ年計画では総投資額の内、六割強を経済開発に振り向け、残りを国防その他に当てることになった。経済開発では港湾の整備・拡張、舗装道路網の拡大、学校・病院の大規模建設など社会基盤整備が中心となった。

　一九七五年十月十三日発足した新内閣（二十六閣僚）も第二次五ヵ年計画実施のための性格を持っていた。新たに公共事業住宅省、工業電力省、計画省など六省が新設され、テクノクラートの起用が目立ち、十四閣僚が登場した。商業相スライマーン・スライム博士、工業電力相ガージ・ゴサイビ博士、計画相ヒシャーム・ナーゼル、財政経済相ムハンマド・アバルハイルといった人々であり、閣僚、次官六十人のうち、四分の一は博士号などの学位を保有していた。しかし「テクノクラートはあくまでも王族の下僕」であることに変わりはなかった。これに対し王族閣僚は八人、アル・アル・シェイク家代表は三人だったが、枢要ポストを固めていた。

王国は史上空前絶後ともいうべき大々的な第二次五ヵ年計画を実施に移していったが、さまざまな問題が起きてきた。一九七五年から数年間、猛烈なインフレが王国を席巻した結果、生計費が高騰し、一般大衆は厳しい生活を強いられた。一方、インフラ整備計画のためアメリカやヨーロッパ、近隣アラブ諸国から技術者や専門家が相次いで入国したため、極端な住宅不足を招来し、主要都市の家賃は急騰した。もっともアラブ諸国やアジア諸国からの出稼ぎ労働者の累計数は一九七八年には百万人を超えたが、彼らは特別に設けられた宿舎に居住したため、この住宅不足とは関係なかった。

このような王国の「活況」を利用し、甘い汁を吸う王族や政府高官、抜け目のない事業家が登場したのも、第二次五ヵ年計画の実施中であった。公共事業の入札に当たって、政府と外国企業の間を取り持ち、巨額のコミッションをせしめる王族や、住宅不足の結果として始まった空前の住宅建設ブームや道路工事に便乗して、土地投機でべらぼうな金を懐にする王族が登場したのである。また、近代的国防力充実計画の推進下で、アメリカなどの兵器産業から巨額の賄賂をせしめるアドナン・カショーギなどの悪徳兵器商人も登場した。カショーギは一九七〇年から一九七五年までの間に、ロッキード社と王国との仲介役として、同社から一億六千万ドルをせしめた。一九七〇年代半ばまでに、カショーギはその他、ノースロップ社から五千四百万ドル、フランスの装甲車（六億ドル相当）売込みで四千五百万ドル、ベルギー製火器売却で四千五百万ドルのコミッションをせしめ、億万長者にのし上がった。

ハーリド＝ファハド体制は第二次五ヵ年計画を重点的に実施したが、ハーリドが名目的な国王にせよ統治していた七年間、サウジアラビア周辺の中東世界では大変動と言うべき事態が相次いで起き、サウジアラビア国内にも計り知れない影響を及ぼした。

第四次中東戦争後、アメリカを中心にした中東和平を模索する動きが活発化し始め、サウジアラビアはエジプトとシリアとの協力を軸に包括的和平を模索し、両国に対して「リヤル・ポリティック」を展開した。一九七五年に入り、エジプトはアメリカの仲介で、イスラエルとの第二次シナイ半島兵力引き離し交渉を進めていたが、これに対しシリアはエジプトの単独和平であるとして反対した。しかしサウジアラビアはアメリカ寄り外交を一層展開し始めていたエジプトのサダト政権を支持した。同年六月、サダトが閉鎖されていたスエズ運河の再開を決定すると、歓迎し直ちに六億ドルの財政支援を行った。同年九月、エジプトが第二次シナイ半島兵力引き離し協定に調印すると、シリア、ＰＬＯが激しく非難し、アラブ世界の分裂が懸念された。同年十二月ハーリド国王はダマスカスを訪問した際、アサド大統領にエジプトとの関係修復を依頼し、十億ドルの財政支援を行った。

ところが、シリアは一九七五年春からレバノンで始まったキリスト教徒対イスラーム教徒・パレスチナ武装勢力との内戦に関わり、当初はイスラーム教徒側を支援する立場に立った。翌年になると、イスラーム教徒側の攻勢でキリスト教徒側が追い詰められる事態となり、イスラエルがキリスト教徒側を軍事支援し介入することが予想された。このためシリアは一九七六年五月、レバノンに軍事介入、今度はキリスト教徒側を支援した結果、同年八月、キリスト教徒側は反撃に転じた。事態を憂慮したサウジアラビアなどが中心となり、仲介に動き、結局レバノンにアラブ平和維持軍を派遣することになり、その主力をシリア軍としたため、シリアの立場を容認

アラブ連盟諸国への援助（1973–1980年）
（単位：100万ドル）

アルジェリア	1980	15.0	地震災害
エジプト	1974	100.0	スエズ市再建
	1974	300.0	スエズ運河再建
	1975	7.7	大学建設
	1976	800.0	経済再建援助
ヨルダン	1976	215.0	財政援助
	1980	10.0	洪水被害修復
レバノン	1980	38.1	
オマーン	1975	100.0	開発計画
ソマリア	1975	11.5	飢餓援助
	1979	20.0	
	1980	10.0	予算補助
スーダン	1974	200.0	開発援助
	1978	2.9	
	1980	11.0	資源探査
シリア	1975	200.0	武器購入
		219.9	開発援助
	1977	50.0	経済援助
チュニジア	1979	7.0	会議開催
		7.0	会議開催
		13.0	開発援助
ジブチ	1973	10.0	経済援助

することになった。この結果、エジプトの単独和平の動きを非難していたシリアは非難を取りやめ、エジプトと和解した。

一九七七年に入り、アメリカにはカーター政権が登場し、外交政策の基本に中東の包括的和平を据え、中東主要国に働きかけを開始した。国連安保理決議二四二号に基づき、ソ連の協力を得て主要当事者がジュネーブで和平会議を開くという構想だったが、結局失敗に終わった。痺れを切らせたエジプトのサダト大統領は一九七七年十一月九日、国民議会で突然、イスラエルを訪問し当事国間の心理的障壁を取り除き、和平への突破口を開くと演説した。

アラブ諸国はサダト演説を半信半疑で受け止めたが、結局サダトは同月十九日、敵国イスラエルへ乗り込んだ。アメリカはサダトの「勇気ある行動」を称えて歓迎した。これに対し、シリア、イラク、リビア、アルジェリア、南イエメンのアラブ拒否戦線派五ヵ国は同年十二月初め、リビアのトリポリで会議を開き、エジプトを激しく攻撃する「トリポリ宣言」を発表した。サウジアラビアはアラブ分裂の危機を憂慮したが、自国の明確な立場を表明せず、あいまいな態度を取り続けた。一九七八年一月、カーターはリヤードを訪問し、サウジアラビアのアラブ諸国への影響力行使を求めた。同年九月、メリーランド州キャンプデービッドで二週間にも及ぶ集中討議の後、アメリカ、エジプト、イスラエル三国間で「中東和平のための枠組み」と「エジプト・イスラエル平和条約のための枠組み」で合意した。いわゆる「キャンプデービッド合意」である。

これに対して、一九七八年十一月初め、アラブ諸国はバグダッドで首脳会議を開き、エジプトの単独行動を非難するとともに、イスラエルとの平和条約調印の場合にはエジプトに対し制裁措置をとることで一致した。しかしサダトはこうしたアラブ諸国の立場をあざ笑って無視し、一九七九年三月二十六日には、エジプト・イスラエル平和条約に調印した。翌日開催されたアラブ外相会議は討議の後、エジプトの単独和平を非難し、エジプトに対する政治的、経済的制裁の実施を決定した。サウジアラビアのサウード外相はエジプトとの接触の保持を主張したものの、結局「アラブの大勢に従うのが王国の利益にかなう」というハーリド国王の決断で、エジプトとの関係を断絶した。スーダンとオマーンは外相会議を欠席し、エジプトに同調した。

このように、中東和平をめぐってアラブ諸国の分裂が決定的となった中で、ガルフの対岸イランでパーレビ王制打倒を目指す動きが急速に強まっていた。サウジアラビアはアメリカ寄りの立場を取り、反共産主義を旗印としていたパーレビ王制を基本的に支持していた。だが、石油収入を軍備増強に当て、ガルフの警察官を自他ともに任じていたイランを内心では警戒していた。一九七八年ごろから、イスラーム・シーア派聖職者、民族主義組織、共産党（トゥーデ党）など広範な反体制勢力が結集し、全国的な王制打倒を叫ぶ暴動を頻発させていた。一九六四年以来、国王によって国外へ追放されていたシーア派指導者ホメイニが反体制勢力を指導した。一九七八年九月、テヘランのジャーレ広場で大衆のデモ隊と軍隊が衝突し、死者数千人を出す惨事が起き、十月にはイラン油田地帯で労働者の暴動も発生した。このころ、サウジアラビアのファハド皇太子は、王国政府がイラン国王を支持すること、イラン情勢の悪化はイスラーム世界の利益にも中東地域の安定にも資するものではないとの見解を発表した。しかし、一九七九年一月王制打倒の動きがイラン国内各地に波及した結果、パーレビ国王はついに国外脱出を決めエジプトへ向かった。これに代わり同年二月初め、ホメイニが亡命先のパリから「凱旋」した。イラン・イスラーム革命の成功だった。

サウジアラビアはアメリカとの固い同盟関係を結んでいたイランで革命が容易に成功したことに衝撃を受けたが、当初はイランを刺激しない態度で臨み、四月にホメイニがイスラーム共和国樹立宣言を行った際にはハーリドが祝電を送ったぐらいだった。しかし六月ごろから、サウジアラビアはガルフ周辺諸国とともに共同防衛構想推進のための根回し工作を開始した。八月に入ると、ホメイニの革命輸出の呼びかけに呼応して、ガルフ周辺のシーア派信徒を抱える国々で政治改革を要求する動きが目立ち始めた。シーア派が住民の七〇パーセントを占めるバーレーンでまず、大規模なデモが起きた。またサウジアラビア東部州でも人口の五〇パーセントを占めるシーア派住民が従来禁止されていた宗教行事「アーシューラー」（シーア派第三代イマーム、フサインがヒジュラ暦一月十日にカルバラーでウマイヤ朝軍によって虐殺されたのを殉教とみなし同派が行う哀悼祭）の実施を要求する声を高めた。

ところが、一九七九年十一月二十日、聖地メッカでアル・ハラム・モスク（神聖なモスク）が襲撃され占拠される事件が起きた。この日はイスラーム暦十五世紀の元旦であった。メッカは既に触れた通り、イスラーム教徒が一生に一度は実践することが望ましいとされている巡礼（ハッジ）の地であり、毎年の巡礼月には全世界百二十ヵ国から約百五十万人から二百万人のイスラーム教徒を迎え、大いに活況を呈するところである。この年の巡礼月は西暦の十月だった。サウジアラビアには他国にはない巡礼宗教省という特別の役所があって、巡礼者のために毎年、約五千万ドル以上の金を投じ、宿泊施設、道路整備、交通、病院、食事などで面倒をみている。サウジアラビアはこうした便宜を図ることで、イスラームの守護者としてのイメージを全世界に植え付けようとしているわけである。

さてアル・ハラム・モスク襲撃事件は、オタイバ族出身のジュハイマン・イブン・ムハンマド・アル・オタイビーに率いられた約五百人の武装グループが暁の祈りの終わった直後、モスクを占拠して起きた。ジュハイマンはもう一人の男をマフディー（救世主）として紹介したが、ムハンマド・イブン・アブドゥラー・アル・カハターニという男だった。預言者のハディースには新世紀の初めに救世主が現れ世直しをするとの記述があり、救世主と称したカハターニはイスラームを浄化するため、腐敗、堕落に陥り、不信仰者となったサウード家王族を一掃すると宣言した。

　またグループにはオタイバ族を中心に、カハターン、ハルブ、ムタイル族といった恵まれない部族出身者が多かった。第二次五ヵ年計画の下で、サウード家がこれらの部族に対し十分な補助金を支出していなかったことに不満を抱く一方、政府の場当たり的な部族民の定住化政策に反対していたからであった。事件を起こしたグループは、預言者ムハンマドが神から受けた啓示、預言者の伝達に忠実でなければならないと訴え、「マフディーの指導によりイスラーム初期の公正かつ平等な黄金時代に戻ろう」と呼びかけた。

　彼らがサウード家はイスラームの真の道に背いており、異教徒の外国人に依存し近代化路線を突っ走っているとして、王家そのものに挑戦したことは、支配の頂点に立つ国王がイマームを兼ねた政教一致のこの国ではまさに驚天動地の出来事であった。サウード家の支配者たちは「神の家」を占拠し、執拗に抵抗したグループの存在にことのほかうろたえた。

　ファハドやアブドゥラーら王家首脳が国外滞在中だったため、ハーリド国王はスルターン国防航空相、ナーイフ内相に処理を任せた。一方ハーリドは「最高ウラマー会議」を招集し、聖なるモスクへの軍事力行使が許されるかどうか見解を聞いた。突入に問題なしとのファトワーが出た後、ようやく鎮圧部隊約三千人がモスク内に突入したが、抵抗が激しく、結局フランス軍特殊部隊の協力を得て、やっと制圧したのは事件発生から二週間後のことだった。鎮圧部隊は死者百二十七人、負傷者数百人を出した。一方、反乱グループは百七十七人が殺され、百七十人が逮捕された。首謀者のジュハイマンら六十三人は一九八〇年一月九日、リヤードなど八都市で公開の斬首刑に処せられた。

このメッカのアル・ハラム・モスク事件が継続中だった十一月末、東部州のカティーフでシーア派信徒たち数千人が「アーシューラー」の宗教行事に繰り出し、弾圧側の国家警備隊と衝突し、多数の死者を出した。事件はさらに暴動に発展し、東部の他の町にも飛び火する勢いとなり、政府は内務次官を現地に派遣し、シーア派住民に対するこれまでの差別政策を改めることを約束し、懐柔策を取った。その後、一九八〇年二月にもシーア派信徒の暴動が起きた結果、同年十一月ハーリド国王が東部州を訪問し、社会福祉面での改善策を約束した。

アル・ハラム・モスク事件がサウード家支配の正統性を根幹から揺さぶったことは間違いなく、王家にかつてない大きな衝撃を与えた。サウード家は表面上、平静を保ちながらも、衝撃の大きさを吸収するため、さまざまな措置を取った。モスク占拠グループがメッカ州知事のファッワーズ・イブン・アブドゥルアジーズら王族を「酒を飲み、賭け事に熱中し、イスラームの道を踏み外している」と名指しで非難していたため、事件から数ヵ月後、ファッワーズを解任し、その後、後任の知事にマージド・イブン・アブドゥルアジーズ自治相を任命する「刷新人事」を行ったり、陸軍参謀総長の解任など軍や国家警備隊、治安警察軍の最高幹部を更迭した。

またこの事件後、イスラーム保守派知識人が性急な近代化推進に反対する声を強めたため、サウード家首脳は「ワッハーブ宗」の伝統を復活させる方針に転換し、国民に対してシャリーア（イスラーム法）の厳格な適用と実施を迫り、礼拝呼びかけ中に、閉店しない商人を厳しく取り締まった。また第二次五ヵ年計画では都市の近代化が重点的に推進された結果、取り残された地方の部族などが反発しメッカ・モスク占拠事件を起こした教訓から、一九八〇年七月からの第三次五ヵ年計画では地方の開発に重点を置くことになった。他方では、憲法に相当する国家基本法の制定や議会に当たる諮問評議会の開設など「民主化」方針を打ち出し、ナーイフ内相を長とする委員会を発足させた。しかしサウード家は事件の衝撃をじかに感じた直後には衝撃を吸収するため、あえて一見すると「民主化措置」と映る方針を打ち出しはしたが、なんとか危機を切りぬけ、王家存続の見通しが開かれると、王族にとって不都合な「民主化措置」を一切棚上げにしてしまった。

いずれにしても、この事件は①サウード家が進めてきた国土開発のための近代化路線はイスラームの伝統的価値に反すると見なされたこと、②部族社会を基本としてきたサウジアラビアで、サウード家は一部部族を蔑ろにする政策を採ったことに、これら部族が鬱積していた不満を一挙に爆発させたこと——などの問題点を浮き彫りにした。

第10章　二つの戦争の間で

モスク占拠事件や東部州のシーア派暴動による大激震の余震がなお続いていた一九七九年末、イスラームの国アフガニスタンに共産主義・無神論のソ連軍が侵攻する事件が起き、サウード家をまたしても揺さぶった。しかし、このソ連の侵略行動に対してはサウード家はパン・イスラーミズムの立場からイスラーム諸国を結集することによって対処しようとした。一九八〇年一月末、パキスタンでイスラーム諸国首脳会議が開かれ、ソ連の侵略を非難し経済制裁を行う決議を採択した。プロローグで紹介したウサマ・ビン・ラディンらサウジアラビアの若い敬虔なイスラーム教徒たちを聖戦のために送り出すことにしたのは王国政府だったのだ。

ソ連の侵略に対しては、アメリカのカーター大統領も同年一月二十三日、「カーター・ドクトリン」として知られるようになった教書を発表した。その中でカーターは「アメリカはペルシャ湾（ガルフ）地域に重大な関心を持っており、この地域の支配を目論むいかなる外部勢力の行動も自国の利益を侵害するものと見なし、軍事力を含めあらゆる手段で撃退する」と述べた。そのためアメリカは緊急展開部隊を創設し、直接的なアメリカの介入を嫌うアラブ諸国を配慮した「オーバー・ザ・ホライズン」（水平線のかなたに部隊を配置する）構想に従って、アラブ諸国の協力を求めた。オマーンが直ちに基地提供を表明したが、サウジアラビアは王国内へのアメリカ軍常駐に拒絶反応を示した。ただし、ソ連やイランの直接的脅威に対抗するため緊急時の基地提供には肯定的だった。

ソ連軍のイスラーム国侵攻の衝撃が続いていた一九八〇年九月二十二日、ガルフ周辺の軍事大国イラクがイラン国内の空港十ヵ所を攻撃し、対イラン戦争を開始した。サッダーム・フセインはイラン・イスラーム革命がガルフ周辺へ輸出されるのを防止することを「大義名分」に掲げていた。ところが、アラブ諸国は当初からイラン支持グループ（シリア、リビア、アルジェリア、PLOなど）と、イラク支持グループ（エジプト、クウェート、サウジアラビア、ヨルダンなど）とに分裂した。翌年四月、イラン・イスラーム革命の脅威を感じていたサウジアラビアはイラクに対し四十億ドルを、クウェートは二十億ドルを援助した。サッダームは当時イラン革命政権が内部の権力闘争で分裂しており、その軍事力も弱体化していると見て、短期決戦で勝負をつけようと考えていた。しかし、イランは空、海軍ともイラク側に勝る行動を示し、イラクを支持するサウジアラビアなどへの攻撃を行う可能性が強まった。

一九八〇年九月、王国は対空防衛システムを拡充する必要を認識し、アメリカに空中警戒管制機（AWACS）四機の派遣を要請し、一九八一年にはAWACSを購入する八十五億ドルの大型取引契約を行った。これには五機のE3A-AWACS、十八基の地上レーダー・ミサイル、八機のKC135空中給油機、F15戦闘機用の二百二個の燃料タンク、千百七十七発のAIM9Lミサイルなどが含まれた。ハーリド国王時代にアメリカと契約され、注文された国防・治安関係費は実に二百五十億ドルにも上り、この他に軍事関係施設の建設契約は百七十億ドル相当に達した。

こうして、サウジアラビアは王国防衛のため一挙に大量の最新式兵器を購入したものの、兵器の操作、維持管理を自国自身で行うことが出来ないという問題も抱えた。このマンパワー不足は軍事面ばかりでなく、既に急ピッチで進められてきた経済開発面でも深刻な問題だった。旧式のF5戦闘機ですら四十人のメインテナンス要員を必要としたが、最新鋭F15の要員には倍の八十人を必要とした。このため一九七九年の時点で、王国はイギリス人、アメリカ人、ヨルダン人、パキスタン人、エジプト人など約六万人の専門家、軍人を雇用した。その後、一九八〇年には王国内に最新鋭兵器の操作要員としてアメリカ人約四千三百人、イギリス人二千人が常駐した。ちなみに一九七三年からの十一年間、王国がいかに最新式兵器を購入したか、アメリカ武器管理・軍縮局などの資料に基づく具体的数字は別表（次ページ）の通りである。

国防支出と武器輸入（1973–1983年）

（単位：億ドル）

年	全国防支出	GNPに占める割合	武器輸入	全輸入に占める割合
1973	22.87	13.2%	1.56	4.0%
1974	47.29	10.9	6.13	11.8
1975	105.87	17.4	4.13	5.9
1976	144.83	19.1	6.88	5.0
1977	137.97	15.3	12.93	5.9
1978	145.23	15.9	17.89	6.3
1979	172.30	18.1	15.22	4.9
1980	191.40	14.4	20.96	5.9
1981	215.01	12.9	30.89	8.2
1982	241.59	15.7	31.00	7.6
1983	260.88	24.3	31.66	8.4

さて、イラン・イラク戦争はイラン側が反撃態勢に転じ、長期化する様相を見せ始めた。

一九八一年二月初め、リヤードに集まったサウジアラビア、クウェート、アラブ首長国連邦、バーレーン、カタール、オマーンのガルフ六ヵ国外相はガルフ地域で共通の政治、経済、社会体制に基づいた協力機構の設立で合意し、同年五月末、湾岸協力会議（GCC）を正式に発足させた。GCCはサウジアラビアを盟主とするガルフ地域の共同防衛機構として、直接にはイランの脅威から六つの王制・首長制のアラブ産油国を自衛する機構の性格を強く持ったため、イランはこれに反対した。

その後、一九八一年九月、メッカでイラン人巡礼者がアメリカ、イスラエル、イラクを非難する政治集会を開き、治安部隊と衝突する事件を起こした。さらに同年十一月、バーレーンでイランが関わった政府転覆計画が摘発されるなど、イランによる扇動的な動きが表面化した結果、一九八二年二月、ガルフ六ヵ国は治安協力の推進を目指し、ガルフ緊急展開部隊を創設した。当時のサウード王家の偽らざる祈りは「アッラーよ、サッダームを勝たせないように、ホメイニを負かせて下さい」ということだったという。ホメイニのイランを敗北させて欲しいが、サッダームのイラクが勝利することも好もしくないという複雑な心境を示す祈りであった。

こうしてガルフ諸国がイランの動きに神経を尖らせる中で、対イラク戦争でイランの反攻が開始された。一九八一年秋からの反撃でイラン軍は一九八二年五月には、イラクに占領されていたホラムシャハルを奪回した。一方、地中海方面で同年六月、イスラエル軍がレバノンに侵攻しパレスチナ武装勢力を一掃する作戦を始めたため、イスラーム諸国会議機構はイスラーム諸国に連帯を呼びかけイランとイラクの即時停戦を図ったが、イランがイラク側に千百億ドルの戦争賠償金を要求したため失敗した。イランは反撃をさらに強めようとしたが、イラク側の抵抗で戦争は膠着状態に陥った。

一九八三年になると、イラクはイランの生命線である石油積み出し施設のあるカーグ島への爆撃を開始、翌年にはこの島に出入りする外国籍タンカーへの攻撃を開始した。これに対してイランもイラクの同盟国サウジアラビアとクウェートの港へ出入するタンカーに攻撃を開始した。一九八六年には、イランがイラク南部のファオを占領、バスラ攻略作戦を本格化させ、膠着状態を破るに至った。

こうしてサウジアラビアはイラン軍が至近距離に存在し始めたことに恐怖感を抱き、対ソ連関係を改善することによって、この戦争を国際化することを狙った。一九八七年一月、イラン軍は大軍十五万人を投じてバスラへの大攻勢を開始したが、イラク側の反撃で作戦は失敗、これ以降イラン軍の攻撃はしぼんでいった。同年一月末、タンカー戦争に巻き込まれていたクウェートが自国タンカーをアメリカとソ連の艦隊に護衛してもらう構想を提案し、四月にソ連艦艇がクウェート・タンカー護衛を始めた。五月半ばアメリカ海軍フリゲート艦がイラク機に誤爆される事件が発生したのを機にアメリカは中東艦隊を増強し、七月からクウェート・タンカーの護衛を始めた。こうした最中の同月二十日、国連安保理は停戦決議を採択したが、イランが受諾を拒んだ。一九八八年二月には、イラン、イラク双方は相手都市にミサイルを撃ちこむ作戦を展開した。しかし、同年四月から六月までイラク軍は反攻を開始、各戦線でイラク領土を次々に奪回したため、イランは敗色を濃くしていった。七月、イランは無条件停戦に応じ、八月二十日停戦が実現、八年間に及んだイラン・イラク戦争は終結した。

このように、ハーリド＝ファハド体制下では、外部世界の激震が相次いで王国へ波及し、サウード家は対応を迫られたが、この間ハーリドが国王として最高指導者の地位にあったものの、事実上王国を動かしていたのはファハド皇太子を中心にした「スデイリ・セブン」であった。イラン・イラク戦争が勃発した後、いつ停戦となるか見通しもつかず、サウジアラビアが危機感を強めていた一九八二年六月十三日、ハーリド国王は心臓発作で死去した。メッカ・モスク占拠事件やイラン・イラク戦争など内外の危機が到来した直後の状況に照らし、サウード家は結束を誇示するため、王位継承をすんなりと行った。ファハド皇太子が国王に就任、皇太子兼第一副首相にはアブドゥラー王子（国家警備隊司令官兼務）が、第二副首相にはスルターン王子（国防航空相兼務）が就任した。

　アブドゥラー王子は王国内の各地の部族から支持を得ており、王国内では保守、民族派グループの代表であった。アブドゥラーは異母兄ファハドがハーリドの下で事実上の国政を取り仕切っていた際に、アメリカ一辺倒の外交、石油政策を展開していたことに批判的であったと伝えられた。こうしたアブドゥラーの主張を支持したのは、「スデイリ・セブン」以外の王族、ファイサル第三代国王の息子たち、特にサウード外相であった。サウードは建国の父アブドゥルアジーズからすると、孫の第三世代であったが、「スデイリ・セブン」はファハドにしろ、スルターンにしろ、自分たちの息子たち、つまり第三世代を重要ポストに就けていたことに反発しアブドゥラー

ファハド第五代国王　AP/WWP

支持に回っていた。特に、ファハドがアメリカの意向に添う石油政策を展開したことに対して保守派グループは反発を強めていた。

そこで、第一次石油危機を機に石油収入を増大させた後のサウジアラビアの石油政策を振り返っておこう。一九七五年以降、サウジアラビアは仲間の産油国の立場でなく、アメリカや日本など消費国側の立場を重視した。このため石油価格の抑制策を取り、生産量を日量八百五十万バレルの水準に置き、価格引き上げを求め収入を一挙に増やそうとしていたイラン、イラク、リビアなどの国々と対立した。同年十二月、OPEC総会がウィーンで開催中に、国際テロリスト、カルロスらがサウジアラビアのヤマーニらOPEC石油相八人を人質に取る事件を起こした。カルロスらは結局、アルジェでヤマーニら石油相を解放したものの、この事件はOPEC諸国に大きな衝撃を与えた。

一九七六年六月、ヤマーニは価格据置の立場を取ったが、他の国々は二〇パーセントの引き上げを望んでいた。同年十二月、OPECカタール総会を前に、アメリカなど消費国を重んじ、価格据置の立場を取ったサウジアラビアと、物価上昇に見合って一五パーセントから二六パーセントまでの値上げを主張したイラン、イラクなどが対立し、結局サウジアラビアとアラブ首長国連邦は五パーセントを値上げ、その他の国々は一〇パーセントを値上げするという異例の二重価格体制となった。こうしてサウジアラビアは、生産量を最大の日量千百八十万バレルまで増産し、市場価格の引き下げに努力した。アメリカはこの価格抑制策を当然、大歓迎したが、イラクなどは「アメリカ帝国主義に追随する反逆行為」として攻撃した。

一九七七年七月、五パーセント引き上げ派だったサウジアラビアとアラブ首長国連邦がさらに五パーセント値上げし、他の国々が据え置くことで調整が行われ、この結果サウジアラビアは生産量を日量八百五十万バレルに戻した。その後、世界的に石油需要が減り、サウジアラビアも日量七百万バレル強に生産量を下げたが、一九七八年後半、イランで革命気運が強まり、石油労働者のストで生産が急減した。このため石油市場は供給不足となり、サウジアラビアは再び、日量八百五十万バレル以上に増やした。

一九七九年一月、イランの石油輸出が完全ストップし、サウジアラビアを除いたOPEC諸国は相次いで価格引き上げに動き、サウジアラビアは価格抑制機能を働かせることが出来なくなってしまった。同年六月のOPECジュネーブ総会でサウジアラビアは価格上限を十八ドルにしたのに対し、他の国々は二十三ドル五十セントに定めたため、価格はばらばらになった。サウジアラビアは生産量を九百六十万バレルに増やし、価格抑制に努めたが、もはや効き目はなかった。石油価格は三十ドルから四十ドルへ急騰した。

このような石油価格の急騰後、世界石油市場では北海原油の増産などのため、需要低下の現象が現れた。サウジアラビアは「スウィング・プロデューサー」(振り子のように原油生産量を

石油収入 （1977–1998 年） （単位：10 億ドル）	
1977 年	36.54
1978	32.23
1979	48.44
1980	84.47
1981	101.81
1982	70.48
1983	37.35
1984	31.47
1985	18.32
1986	13.55
1987	17.49
1988	16.64
1989	20.24
1990	31.50
1991	43.70
1992	42.30
1993	37.40
1994	30.50
1995	—
1996	—
1997	50.00
1998	33.00

出所：SAMA 年次報告など

サウジアラビアの原油生産量 （1977–2000 年） （単位：100 万バレル／日量）	
1977 年	9.2
1978	8.3
1979	9.6
1980	9.9
1981	9.8
1982	6.5
1983	5.0
1984	4.6
1985	3.4
1986	5.0
1987	4.2
1988	5.2
1989	5.2
1990	6.5
1991	8.2
1992	8.4
1993	8.1
1994	8.1
1995	7.9
1996	8.1
1997	8.3
1998	8.4
1999	7.8
2000	8.4（推定）

増減させ、生産調整国となる）役を果たし、価格下落を阻止するため、生産量を減らし続けた。一九八一年に日量九百八十万バレルだった生産量は、一九八二年には六百五十万バレル、一九八三年五百万バレル、一九八四年四百六十万バレルと減少に次ぐ減少だった。こうして価格は何とか二十七―二十八ドルのレベルを維持することが出来た。だが、この間他のＯＰＥＣ諸国は追随せず逆に増産したため、サウジアラビアの石油収入は一九八一年の千十八億ドルから、一九八四年には一挙に三百十四億ドルへと大幅に減少した。

こうして、サウジアラビアは深刻な経済危機に直面したのである。政府は石油収入不足をカバーするため、在外資産（当時千五百億ドルあったと推定された）を取り崩し始めたばかりか、予算を切り詰め、緊縮政策を取らざるを得なくなった。民間企業の倒産が相次ぎ、一九八四年からは外国企業の撤退も始まり、失業者が増大した。

深刻な不況を前に、ファハド国王は「スウィング・プロデューサー」役をやめることを決意、一九八五年には生産量を日量三百四十万バレルとしたが、結果は狙いとは逆に一バレル当たり二十七ドルから十二ドルへ急落した。国家財政はさらに逼迫し、資産の取り崩しに頼る以外になかった。保守派王族はファハドの失政を追及する声を強めた。一九八六年十二月、ヤマーニ石油鉱物資源相は解任され、後任にはヒシャーム・ナーゼル計画相が横滑りした。同月のOPECロンドン総会で、サウジアラビアはOPEC全体の生産上限を日量千五百五十万バレルとし、標準価格を十八ドルにすることを提案し実行に移された。このため価格は一九八七年初めには十三ドル前後に戻し、さらに十八ドルへ近づいた。

そのため、サウジアラビアは同年初めの日量三百万バレルから、OPEC総生産量の二五パーセントに当たる四百二十万バレルに増やした。しかし、また他のOPEC諸国が増産に転じた結果、一九八七年末までに一バレル十五ドルになり、一九八八年になると十二ドルに下がってしまった。同年の石油収入は百七十億ドルにとどまり、同年度予算を前年同様に三百七十億ドルとしていた結果、大幅な赤字予算となった。対外資産の取り崩しや公債発行によって切り抜ける以外になかったが、債務支払い不能となった民間企業の倒産が相次いだ。不況のため、政府機関や政府系事業所、民間企業とも新規雇用を行うことが出来ず、大学卒業生などの失業者が増大した。

このころ、イランとの戦争を終結させたイラクは生産枠増大を求めていた。一九八八年秋、イラクはイランと同量の二百三十万バレルを認められ、同年十二月、ＯＰＥＣは生産上限を日量千七百五十万バレルとした。価格も十七―十八ドルに上昇したものの、一九八九年四月以降、クウェートとアラブ首長国連邦がそれぞれの生産枠の倍以上生産したため、石油は供給過剰傾向となり、価格は十五ドル以下に下がってしまった。同年十一月のウィーン総会で、ＯＰＥＣ全体の生産上限を二千二百万バレルとし、各国別の生産枠が決められ、価格も十八ドルに戻り、サウジアラビアとイラクはこの価格レベルを保持するため生産抑制を各国に求めた。しかし、クウェートとアラブ首長国連邦は生産増と低価格を主張し、生産枠を超えて生産した。一九八九年、サウジアラビアは石油収入を前年より若干多い二百二億ドルとしたが、引き続き公債発行と借款に頼る厳しい財政状況だった。サウジアラビアはクウェートが低価格政策を取り続けることに反発し、イラク、イランなどと協調し、価格引き上げと生産枠遵守によって、何とか石油収入を増やし財政状況を改善したかった。

一九九〇年二月ごろから、イラクのサッダーム・フセインはクウェートに対し、生産枠遵守と価格引き上げを呼びかけ、五月ごろまで、関係国の石油相同士の協議が行われたが、クウェートとアラブ首長国連邦は聞く耳を持っていなかった。同年四月二日、サッダームは「アメリカは（クウェートを使って）イラク経済を破滅させるため背後から止めを刺そうとしている」と非難する演説を行った。同年五月末、バグダッドでアラブ首脳会議が開催され、主催国イラクのサッダームは生産枠を超えて増産しているクウェートなどを激しく非難したが、無視された。石油価格は下落し、同年度のサウジアラビアの財政赤字は当初見積もりの六十億ドルをはるかに超える百億ドル以上となった。サウジアラビアはイラクやイランと協力し、クウェートなど二国の石油政策を変更させるため圧力を加え、結局一九九〇年七月末開かれたOPECジュネーブ総会で、全体の生産枠上限を二千二百五十万バレルにすること、国別生産枠を遵守すること、標準価格を二十一ドルにすることで合意した。

ところで、サッダームはガルフの王制産油諸国をイスラーム革命の脅威から守るために八年間もイランと戦い、人命を犠牲にし国土を荒廃させてきたにもかかわらず、戦争が終結した後、これら諸国のイラクに対する対応に不満だった。ガルフ諸国はイラクの戦費などのために合計四百億ドルを借款供与したが、一九八九年二月、イラクはクウェート首相との会談で、当然とばかりに、クウェートからの援助百四十億ドルの帳消しと新たに百億ドルの援助を要請した。

イラン・イラク戦争後、サッダームは「イランに勝利を収めた」という自信を持ち、戦争による荒廃を立ち直させることよりも、実戦体験を重ねた百万人の軍隊を背景にイラクをガルフ地域の支配者に仕立てることを考えていた。一九九〇年二月ごろから五月ごろまで、イラクが化学・生物兵器やスーパーガン（超巨大砲）を所有し、ヨーロッパから核爆弾製造のため起爆装置を輸入している疑いが、いろいろな事件を通じ明らかになった。同年五月末のアラブ首脳会議で、サッダームは当時ソ連から大量のユダヤ人移民を受け入れ占領地に入植させていたイスラエルとその支持国アメリカを激しく非難する一方、アメリカ一辺倒の石油政策を取り続けるアラブ産油国を非難した。同年七月半ば、イラク外相はアラブ連盟事務総長宛て書簡で、クウェートとアラブ首長国連邦がOPECの生産枠を無視し、石油価格を低く押えることによって、イラク経済を破壊していること、特にクウェートはイラン・イラク戦争中にイラク南部のルメイラ油田で二十四億ドル分の石油を「盗掘した」ことを激しく非難した。

こうして一九九〇年八月二日、イラク軍約五万人の大部隊が三百台の戦車とともにクウェートに侵攻し、五時間後にはクウェートの大部分を占領した。湾岸危機として知られるようになった事態の到来であった。クウェートの支配者サバーハ家首長ジャービルをはじめ一族は我先にとサウジアラビアを目指して逃げ出した。よもやと思われたイラクの侵攻にサウジアラビアは大混乱に陥った。イラクの狙いがどこにあるのか、サウジアラビアも標的にされているのか、見極めがつかなかった。しかし、この事実は国民には伏せておいた方が良いとの判断から二十四時間は報道されなかった。

やがて国連安保理がイラクの侵略を非難し、即時撤退を求める決議を採択、またアラブ連盟も同じ内容の声明を発表したが、サウジアラビアはアメリカ軍を王国内に受け入れるかどうか決断していなかった。スルターン国防航空相の息子で駐米大使のバンダルはアメリカの軍事援助を即時受け入れるよう主張したが、ファハド国王はまだ迷っていた。しかし八月六日、アメリカのチェルニー国防長官らがリヤードを訪問しファハドと会談した結果、アメリカ軍だけでなくエジプト、モロッコ、シリアなどのイスラーム諸国を含めた多国籍軍という形での受け入れを決めた。同日国連安保理はイラクに対する経済制裁措置を決議し、八日にはアメリカ軍の第一陣がサウジアラビアに到着した。

一九九〇年八月十日、カイロで開催されたアラブ首脳会議ではイラクの侵攻非難、即時撤退要求、クウェートの独立と領土保全などの決議案に対し二つの陣営に分裂した。エジプト、シリアなど十ヵ国は決議案に賛成したが、当事国のイラクとリビアが反対、ヨルダン、イエメン、アルジェリアが棄権、その他四ヵ国・組織が留保あるいは欠席した。しかしサウジアラビアは多国籍軍受け入れに関しアラブ連盟による支持を受けたと判断し、エジプトやシリアなど王国支援国に対し

アメリカから供与された武器など
(1991–1993年)　(単位：10億ドル)

武器・弾薬	5.357	30%
支援装備	4.956	28
部品補給	2.609	15
支援サービス	4.624	26
建設	0.421	2
合　計	17.927	100

1980–1994年予算の全歳出と国防費

（単位：10億サウジ・リヤル）

年	全歳出	国防費	全歳出に占める割合
1980	245.0	69.9	28.5%
1981	298.0	82.5	27.7
1982	313.4	89.9	28.7
1983	260.0	75.7	29.1
1984	260.0	79.9	30.7
1985	200.0	64.1	32.1
1986	—	—	—
1987	170.0	60.8	35.8
1988	141.2	50.3	35.6
1989	141.1	55.0（推定）	38.9
1990	143.0	51.9	36.3
1991	—	—	—
1992	181.0	54.3	30.0
1993	196.9	61.6	31.3
1994	160.0	—（発表なし）	—

出所：財政経済省

ては既存債務の帳消しを行い、支持を確かなものにした。エジプトは過去の債務四十五億ドルを帳消しにしてもらい、新たに十五億ドルの援助を受けることになった。王国が得意としてきた「リヤル・ポリティック」だった。これに対し、イラク支持側に立ったヨルダン、イエメン、PLOに対しては報復措置を取り、援助停止ばかりか、王国から出稼ぎ労働者を追放した。

　イラク包囲網は着々と強化されていった。だが、クウェートを併合したイラクは撤退するどころか、ますます居座る姿勢を明確にしていた。一九九〇年十一月初め、アメリカのベーカー国務長官がリヤードを訪問し、その結果、アメリカ軍は五十四万人以上（うち女性兵士三万五千人）の規模に膨れ上がり、戦車、戦闘機、艦艇はとてつもない数となった。その他、イギリス、フランス、エジプト、シリアなど三十一ヵ国で構成された多国籍軍総数二十五万八千人を加えると、多国籍軍総数は約八十万人にもなった。十一月末、国連安保理はイラクが一九九一年一月十五日までにクウェートから撤退しない場合、多国籍軍は軍事行動を開始するという「最後通牒」的決議を採択した。期限切れ直前までアメリカとイラクは交渉を行ったが妥協点を見出せず、同年一月十七日、多国籍軍はクウェート、イラクに対する攻撃を開始した。湾岸戦争の開始であった。

翌一月十八日、イラクはイスラエルに対しスカッド・ミサイルを撃ち込み始め、その後サウジアラビア、バーレーン、カタールにも合計四十六発のスカッド・ミサイルを撃ち込んだ。最終的にイラクがイスラエルに撃ち込んだミサイルは四十発、サウジアラビアには四十四発、合計八十四発にのぼった。

二月二十四日、多国籍軍はついにクウェートに陣取って動こうとしなかったイラク軍に対する地上戦闘を開始した。イラク軍は予想に反してほとんど抵抗をせず、相次いで投降するか敗走した。二十七日、クウェート市は「解放」され、翌日多国籍軍は攻撃を停止した。三月三日、イラク南部でイラク軍代表と多国籍軍各司令官との停戦交渉が行われ、イラクは完敗した。サウジアラビアはスルターン国防航空相の息子ハーリド空軍司令官が立ち会った。

サウジアラビアは長年にわたってアメリカなどから大量の最新式兵器を購入してきたが、結局、湾岸危機・戦争に際しては、イラクを屈服させるためにはアメリカを主力とする多国籍軍

1991–1993年の主要軍備支出　（単位：10億ドル）

1991年	パトリオット・ミサイル	3.30
1991	AWACSメインテナンス	0.35
1992	72機F–15（ミサイル付）	9.00
1992	362基ハリファイヤー・ミサイル	0.61
1992	F–15訓練など	0.50
1992	M–1A戦車・兵員輸送車	3.00
1992	戦略備蓄計画	4.00
1993	国家警備隊技術支援	0.82
1993	ホーク，パトリオット・ミサイル支援	0.58
1993	48機トーネード戦闘爆撃機	7.00

の軍事力に頼らなければならなかった。ちなみに、王国は一九五〇年以降、湾岸戦争の起きる前年の一九九〇年までにアメリカ製最新式兵器など合計五百三十八億ドルを発注しているが、その内訳は軍事施設建設に百六十億五千万ドル（全体の三〇パーセント）、支援サービスに百五十八億ドル（同二九パーセント）、武器・弾薬に八十四億ドル（同一六パーセント）、支援装備に八十五億ドル（同一六パーセント）、部品などに四十六億ドル（同九パーセント）となっている。

また、湾岸戦争が起きた一九九一年から終結後の一九九三年までに、王国はアメリカ製兵器など合計百七十九億ドルを発注した。戦時という事情から、内訳のうち最高は武器・弾薬五十三億ドル（全体の三〇パーセント）、次は支援装備四十九億六千万ドル（同二八パーセント）、支援サービス四十六億二千万ドル（同二六パーセント）、部品など二十六億ドル（同一五パーセント）となっており、施設建設はわずかに二パーセント四億ドルだった。

ついでに触れておくと、サウジアラビア王国全体の具体的な軍備、兵員数などは以下の通りである。

一九九六年の軍隊総数は十七万八千人で、内訳は陸軍七万人、海軍一万三千五百人、空軍一万八千人、防空軍四千人、国家警備隊五万七千人、内務省軍一万五千五百人である。陸軍の兵員数は同年のイラン（三十五万人）、イラク（三十七万人）に比べれば少ないが、他のガルフ諸国よりずっと多い。空軍の兵員数はイラン、イラクに次ぎ第三位で、戦闘機保有数もイラク、イランに次いでいる。海軍の兵員数はイラン（二万人）に次ぎ、第二位となっている。なお、正規軍は国王と国防航空相の直属であるのに対し、国家警備隊はアブドゥラー皇太子直属で、互いに牽制し合っている。こうした軍事面でも王国は独特な体制をとる。

しかし、既に私たちが知った通り、サウジアラビアは平時においても、不釣り合いな額を国防費に投入し、いくら最新鋭兵器を大量購入し軍隊を超近代化しても、兵器を実際に操作し維持管理する兵士の資質・能力に問題があり、実際の防衛には全く役に立っていない。それを補うため、王国はアメリカ（空軍とパトリオット迎撃ミサイル部隊合計四千人を含む五千人）を中心にした軍事顧問団を常駐させることにしたわけである。二〇〇〇年四月初め、アメリカのコーエン国防長官はサウジアラビアを含めたガルフ諸国を歴訪し、イラクやイランからのミサイル攻撃に備えるための「ガルフ地域の早期警戒システム＝防衛協力イニシアチブ（CDI）」の売り込みを図った。サウジアラビアでは同長官は約二十機のF15ジェット戦闘機の新規売却を王国側に打診した。その際スルターン国防航空相は「現レベルでのアメリカ軍のサウジアラビア継続駐留を強く希望する」と言明した。しかしアメリカ軍の常駐が永続化すればするだけ、今度は「異教徒の存在」に強く反発するウサマ・ビン・ラディンに代表される国内外のイスラーム原理主義者ばかりでなく保守派からの激しい糾弾を招くことになる。プロローグで紹介した通り、アメリカ軍人を標的にしたテロ事件が起きた背景には、こうしたサウジアラビアの抱えた問題点が隠されていると言ってよいであろう。

第11章　初「議会」は開設されたが

一九八九年末、東西冷戦が終結した後、世界で唯一の超大国となったアメリカの一極支配・新世界秩序にイラクという"Rogue States"（「ならず者諸国」＝アメリカがテロ支援国七ヵ国に対してとる表現）の一国が挑戦して起きたのが湾岸危機・戦争だった。だが、アメリカに歯向かったサッダーム・フセインの軍隊をフランケンシュタインのように巨大な存在にしてしまったのは、元はと言えばイランの脅威を封じ込めるためにイラクに大量の最新式兵器を売り込んだアメリカなど主要国の援助があったからだった。このフランケンシュタイン退治には、結局、ガルフの集団共同防衛機構であるGCCは全く役に立たず、その指導国サウジアラビアはフランケンシュタイン生みの親、アメリカに介入を要請し、やっと追い払ってもらったわけである。サウジアラビアにしろクウェートにしろ、アラブ、イスラームの国々にとって、従来はイスラエル建国以来、このユダヤ人の国に最大の経済的・軍事的支援を行ってきたアメリカと同盟関係を結ぶことはもってのほかのタブーであった。

サッダームは湾岸危機直後に、イラクのクウェート占領と一九六七年戦争以来のイスラエルによるアラブ領土占領とをリンクさせ、イラクのクウェート撤退問題はイスラエルのアラブ占領地撤退と関連しているとの「リンケージ」論を展開し、アメリカがイスラエルだけを不問としているのは「ダブル・スタンダード」であるとして世界世論に訴えた。これに対し、アメリカのブッシュ大統領はクウェートを解放した後に、パレスチナ問題の解決に取り組むと公言せざるを得なくなった。湾岸戦争終結から約半年後の一九九一年十月、スペインのマドリードでアメリカとソ連を共同主催者とした中東和平会議を開催、当事者としてイスラエル、ヨルダン、シリア、レバノンの各国代表とパレスチナ人代表が参加した。

この会議を経て、当事者間の秘密交渉の後、一九九三年九月、イスラエルとPLOは歴史的なパレスチナ暫定自治合意宣言に調印した。こうして、従来アメリカをイスラエルに偏った国と断じていた中東世界で、アメリカと積極的な協力を進めることはタブーでなくなり、安全保障上、アラブの国がアメリカの軍事的傘に依存することに抵抗感もなくなった。既にイラン・イラク戦争中にオマーンはアメリカと軍事基地提供協定を結んでいたが、それ以外のガルフ諸国は湾岸戦争後、相次いでアメリカとの軍事協力を具体化させた。まずクウェートが共同防衛条約を締結、一九九三年までにバーレーン、カタール、アラブ首長国連邦が続いた。ただ、サウジアラビアだけは、異教徒の国内長期駐留に反発するイスラーム原理主義者の存在を恐れ、協定という格好を取ることを避けたが、王国内にアメリカ軍人顧問団など五千人の駐留を認め、緊密な軍事協力関係を強めることになった。

しかし、湾岸危機・戦争を通じ、サウード王家の専制支配は国際的なスポットライトを浴びるようになった。また王家支配下の国民は、一九八〇年代半ばからの深刻な財政危機の中で、社会福祉費を削減される一方で、国防費に巨額の支出を行っていながら、王国の軍隊がサッダーム軍を前に、全く無力であったことを批判した。こうして最終的なフランケンシュタイン退治にアメリカを招き入れた結果、王家が懸念していた動きが国内で出始めてきたのだ。

「民主主義の国」アメリカに留学や旅行をしたことのある女性や大学教授たちが、王国における厳しいイスラーム的倫理基準の強要（これをこれら少数の女性たちは前近代的な女性蔑視・差別待遇と受けとめた）に反対するデモを展開、これに対しイスラーム原理主義者はもとより、既成のイスラーム体制側が王家に対し彼女たちを徹底的に抑圧するよう突き上げる事態となったからだ。

湾岸危機が始まっていた一九九〇年十一月、リヤード市内で四十七人の女性が、王国では車の運転が禁じられているのに逆らい、十四台の車のハンドルを握り、市内を約三十分間、抗議デモを行った。警官隊が制止行動に入ったため、デモは約三十分で終わった。間もなく、「ムタワイーン」が駆けつけ、デモに参加した女性たちを「淫売婦、売春婦」と罵ったが、彼女たちは「(湾岸危機で)国家が緊急事態に陥っている際に、私たちは家族の安全のために運転をすることが必要だ」と叫び、預言者の時代には女性がロバや馬に乗るのは普通のことだったので、車の運転が反イスラーム的であるとは言えないとやり返した。結局、彼女たちは二度と同じ行為をしないとの誓約書に署名した後、釈放された。

だが、デモの翌日、事件を知った二万人以上の「ムタワイーン」とその支持者がサルマン・リヤード州知事の宮殿に集まり、政府は彼女たちの処遇に甘すぎると非難の声を上げた。数日後、ナーイフ内相は女性の抗議行動を「愚かな行い」であり、反イスラーム的であるとの声明を発表し、イスラーム原理主義者の怒りを宥めようとした。また大学教授の女性を解職し、パスポートを一年間没収する一方、「ムタワイーン」の活動費を増額する措置を取った。

一九九〇年十二月、世俗主義的なリベラル派有識者四十三人はファハド国王に、初めての公開請願状を提出した。その内容およびトーンはごく控えめで、王族非難などを行ってはいなかったが、諮問評議会の設置と、すべての市民の完全な平等を保障する基本的な立憲制度の導入、司法の独立、報道の自由などを求めた。しかし、イスラーム原理主義者たちはこの公開請願状を「汚い世俗主義者たち」の所業であると攻撃し、結果的には国王に聞き届けられることなく請願は失敗に終わった。

ところが、サウジアラビアの保守派エリートとされる裁判官、イスラーム法学者、大学教授、学生がサウード家の政策を激しく非難する動きに出始めた。彼らはイスラーム革命の過程でイランのホメイニが利用した手段であるカセット・テープを使い、人々に訴えかけを行った。一九九〇年末に登場したカセットは「スーパーガン」と呼ばれ、イラクのサッダームが王国に対して使用すると脅した超巨大大砲になぞらえたもので、サウード家王族の腐敗・堕落、誤った国政指導ばかりでなく、イスラームの敵であるアメリカとの同盟関係を激しく非難した。別の「私の見たアメリカ」というテープは、「売春、ホモと不道徳の国」アメリカを攻撃、王国がこのような国と何故、同盟関係を結ぶのかと疑問を投げかけた。従来、既成イスラーム体制である「最高ウラマー会議」はサウード家メンバーの不行跡を見逃してきたが、保守派エリートの突き上げで次第にサウード家のやり方に批判的になり始めていた。

一九九一年五月、「最高ウラマー会議」議長だったアブドゥルアジーズ・イブン・バーズを含めた四百人以上の宗教家が署名した公開状がファハド国王に提出された。公開状は①国内外問題に対応できる諮問評議会を樹立すること、②公務員の責任を強め政府の信頼を回復すること、③すべてのレベルで腐敗をなくし、富の分配に当たって経済的な公正を図ること、④すべての金融機関でイスラームが禁じている利子（リバー）取立てを止め、イスラーム銀行設置を進めること、⑤ウラマーの管理する監督機関を設置し、国家の支配と規定がシャリーアに照らし適合しているかどうか監視すること——などを内容としており、ファハド国王をぎくりとさせた。

こうして、リベラル派、イスラーム保守派双方から改革要求を突きつけられたファハドは一九九二年三月、ようやく「基本法」制定と諮問評議会の設置を発表した。しかし、人権擁護組織は、これを「空疎な改革」と呼び、実際は王族、特に国王の権限を強める以外の何物でもないと非難した。

ところが、一九九二年九月、イスラーム原理主義者はサウード家に対し、さらに直接的な挑戦的姿勢をとり始めた。百七人の有力宗教指導者が署名した、サウード家の内政、外交、石油政策を非難する「勧告覚書」であった。「勧告覚書」は①防衛を目的としても、王国がいかなる外国勢力にも依存することを拒否する、②西側の利益に便宜を与えるような外交政策を非難する、③国民の利益よりも世界経済の安定に適合させるような石油政策を非難する、④王族や政府高官の腐敗と縁故主義を非難する——とサウード家の政策を非難した上で、政府は諮問評議会樹立に責任を持つこと、イスラームに忠実な外交政策およびサウジアラビアを優先した石油政策を取ること、さらにすべての分野においてシャリーアを完全に施行することなどを要求した。

このようにイスラーム・グループがサウード家に対し批判的な姿勢をとり始めたことに対し、

王家側は分断作戦を取り、急進的な原理主義者を徹底的に弾圧する一方、王家を支持する「最高ウラマー会議」（メンバー十八人）の支持・忠誠を強めようとした。こうして「勧告覚書」を支持した七人の同会議メンバーを解任し、王家支持派に代えた。

しかし「勧告覚書」に従って、著名なイスラーム指導者は一九九三年五月、「合法的諸権利擁護委員会（CDLR）」を創設し、閉鎖的なサウジアラビアのシステムに挑戦する構えを取った。同委員会は、イスラームではシャリーア以外に絶対的な王権による支配を認めていないことを前提に、政府がシャリーアを遵守しているかどうか監視し、シャリーアの規定に従って、不正を正し、市民権を擁護することを目的にした。しかし事実上、反体制政治組織の中核となり、サウード家批判の急先鋒となった。スポークスマン役に就いたのはリヤードのサウード国王大学物理学教授でアメリカ人の妻を持つムハンマド・アル・マサーリ博士だったが、一九九四年四月、サウジアラビアを逃れロンドンに行き、同地でCDLR事務所を作り、インターネットを通じてサウード王家非難の活動を続けた。マサーリ博士は「純粋なイスラーム国家に復帰することによってだけ、王族の腐敗を根絶できるし、石油の富をもっと広範囲に分配でき、メッカとメディーナの守護者に相応しい政府を作り上げることができる」と主張し続けた。

こうしてファハド国王は一九九三年八月、既に前年九月二十三日の建国六十周年に任命していたムハンマド・ビン・イブラヒーム・ビン・ジュベイル（当時司法相）を議長とする諮問評議会のメンバー六十人を任命し、議会に相当する評議会を発足させた。同時にファハドは諮問評議会議長の任務、同評議会のメンバーの資格と任務、財政などに関する事項、並びに閣僚評議会法（一九九二年八月決定）、地方制度樹立法（一九九二年三月決定）を発表した。諮問評議会はあくまでも諮問機関であり、立法権も監査権も持っていない。シャリーアが王国の基本法であり、すべての権限は国王に付与されているためだ。地方制度については、王国内十三州は従来通り国王が知事、副知事を任命するが、新たに知事に諮問を行うことの出来る評議会を設置することになった。メッカ、メディーナ、リヤード三州は評議会メンバーを二十人とし、その他十州は十五人としたが、どちらにせよトップには王家メンバーを配しており、所詮は「張子の虎」とのコメントが多い。

このような改革によって、サウード王家はイスラーム国家として国王が頂点に立った王国の性格を保持しながら、同時に伝統的な宗教的・社会的慣習を現代的な社会的・経済的必要に適応させようとしたわけである（サウジアラビア王制が独特であるのは国王が世俗的な政治的権威の最高指導者として国家元首、首相、三軍総司令官、立法者であるとともに、宗教上の最高指導者イマームであることだ。その上ファハド国王は一九八六年十月にメッカとメディーナ「二聖地の守護者」という称号を用いるようになった）。

ファハドは諮問評議会メンバーの任命に当たって、国営テレビで演説し、「評議会の役割はあくまでも諮問的である。サウジアラビアはイスラーム国家であり、世界で行われている民主主義制度はこの地域とわが国民には合わない。自由な選挙制度はイスラームにそぐわない」と強調した。

ところで、南カリフォルニア大学のイスラーム問題専門家、デクメジャン教授は、サウジアラビア初の諮問評議会について興味深い論文を発表しているので紹介しておこう。それによると、評議会は①王国の法律、②経済・社会開発計画、③各省・政府機関から上げられる年次報告、④国際法・条約・協定——という四分野において国王に対し勧告を行うことを目的としている。また評議会議長は評議会に設けられた八つの特別委員会（①イスラーム問題、②保健・社会問題、③経済・財政問題、④治安問題、⑤教育、⑥文化・メディア問題、⑦外国問題、⑧公共サービス）のいずれかでメンバーによる審議を経た後、国王へ勧告するとされている。

王令によると、評議会メンバーは三十歳以上のサウジアラビア国籍を保有した王国内居住者であること、温厚な人柄で、秀でた能力を持つことを資格要件としている。メンバーは任期四年で、総会は一ヵ月おきに開催される。一九九三年に発足した第一期のメンバー六十人の任期は一九九七年で満期となったが、国王は第二期目のメンバーを三十人増やし九十人とした。第一期中には合計百四十三回の総会を開き、百三十三の問題について決定を行った。

デクメジャン教授は一九九七年に任命された九十人のメンバーについて、年齢、出生地、学歴、職業など社会的背景を分析している。平均年齢は五十二歳で、最も若いメンバーは三十四歳、最も年長なメンバーは六十九歳である。職業では全メンバーのうち、官僚が四三・三パーセント、学者が三六・七パーセントで合計すると八〇パーセントを占め、その他は大企業幹部七・八パーセント、外交官、退役警察幹部、退役高級軍人などとなっている。

学歴では全メンバーの六四パーセントが博士号を持ち、一四・四パーセントが修士号を保持するが、これらの学位保持者の約八〇パーセントはアメリカ、イギリス、フランスなど西ヨーロッパの大学で学位を得た人々である。さらに、専門別では、ファイサル第三代国王時代以降、王国が辿ってきた近代化路線を反映して、エンジニアや、政治学、経済学の分野で専門知識を持ったテクノクラートや学者が目立っている。しかし、評議会メンバーの中で、最も多い専門家はウラマー、シャリーア判事、説教師などイスラーム学の専門家である。

王国の近代化の過程で、「ワッハーブ宗」に代表されるイスラーム保守派と、テクノクラートに代表されるリベラル層との軋轢は絶えず生まれていたが、湾岸危機・戦争を通じ、王国がアメリカに全面的な軍事協力を求めて以来、イスラーム保守派は王国の近代化プログラムを非難するキャンペーンを繰り広げてきた。このため、ファハド国王は一九九三年の評議会メンバーに約一九パーセントのイスラーム保守派を任命し、リベラル派とのバランスを取ることを意図したが、一九九七年のメンバー任命に際しても、約一七パーセントの保守派を指名した。これらの保守派の中には、過去においてサウード家の政策を批判したため逮捕歴のある人も数人含まれている。

また、「ワッハーブ宗」から過去、「異端者」「殺されてしかるべき偶像崇拝者」とされ、差別されてきた東部州のシーア派からも穏健派二人を任命した。シーア派処遇については、ファハドは第一期評議会が初発足した一九九三年八月、シーア派懐柔の目的で四十人以上の同派政治犯を釈放し、その結果同年十月には国王と同派指導者が会談し、シーア派側がサウード家と政府を批判する雑誌の発行停止を確約する一方、国王はシーア派政治犯の釈放、同派モスクの建設促進、生活条件の向上、公務員への登用を含む就職面での差別待遇の撤廃などを約束した。評議会メンバーへのシーア派任命もこうした懐柔策の一環であった。

さらに評議会メンバーを出身地別で見ると、最も多いのはサウード家発祥の地ナジドで四四・四パーセント、次いでヒジャーズ二九パーセント、東部州九パーセント、以下ハーイル、ジーザンなどとなっている。また評議会メンバーの中には各地部族の部族長は含まれていないが、メンバーの約三五パーセントが部族と何らかの繋がりを持つ。それらの部族はアナザ、ムタイル、オタイバ、シャンマル、ハルブ、ダワーシルなどで、既に触れた通り王国建設へ向かう過程でサウード家に反逆した部族やメッカのモスク襲撃・占拠事件を起こした部族も含まれている。

以上見た通り、湾岸戦争後、王国内のリベラル派有識者およびイスラーム保守派の双方から出されたさまざまな「(政治への)参加要求」に応える形でファハド国王は政治改革に乗り出し、建国以来初の基本法を制定し、諮問評議会を発足させたわけだが、デクメジャン論文でわかる通り、こうした措置によってサウード家は王国内各方面の要求を満たし、特にリベラル派、イスラーム保守派の立場を配慮しつつ、王国すなわちサウード家の生き延びを模索したのである。

ただ、既に明らかなように評議会メンバーはすべて国王の任命であり、国民の選挙によって選ばれたメンバーではない。評議会には一部、サウード家と姻戚関係を持ったメンバーも存在するが、ほとんど全員が王族以外の「平民」である。評議会は創設によって王国最高の政治機関となったが、あくまでも「諮問」を行い「勧告」を行う機関であり、最終的な権限は王族やその頂点に立つ国王に握られている。評議会は総会や特別委員会で内外政策の審議を行い、閣僚評議会(内閣)に提言する。提言が内閣の見解と一致した場合には政策として採択され、異なっている場合は国王が最終決断を行うというシステムである。

ファイサル皇太子が首相をつとめていた時期に初めて約束され、その後も危機到来の度に創設話が持ち出されながら、先延ばしになってきた「議会」である王国初の諮問評議会はようやく、湾岸戦争を経て誕生し、早くも二期目を迎えた。

ところで、この諮問評議会第一期目がスタートした一九九三年から第二期目の一九九七年までの間に、石油価格の低迷もあり、サウジアラビアはかってない深刻な経済危機に見舞われた。この間、王国内でイスラーム原理主義者の活動が活発化したことを考慮し、王国政府は、一九九五年春までに経済危機への認識・対応が特に鈍く、相変わらず巨大プロジェクトの推進を唱え、社会的・政治的なニーズに応えることをしなかった官僚の「大改造」を行った。首の挿げ替えは官僚のトップ層、百六十人から二百五十人に及び、その規模は「世代交代」に等しいとさえ評された。

一九九五年八月二日、ファハド国王は一九七五年以来初めての大規模な内閣改造を発表した。閣僚二十八人のうち、ナーゼル石油鉱物資源相、アバルハイル財政経済相ら十八人を交代させた。ナーゼルらの更迭はファハドが既に一九九二年に、特例を除き、閣僚を同一ポストに五年以上在任させないとの勅令を発していたためでもあったが、石油鉱物資源相の後任には「サウジ・アラムコ」（アラムコは一九八〇年に一〇〇パーセント国有化され、一九八八年十一月、国営石油会社サウジ・アラムコが創設された）総裁のアリー・アル・ヌアイミを起用した。この二十年ぶりの大改造によって、国王はサウード家の権力独占に反発する国内の不満をかわし、同時に未曾有の政治的・経済的危機に対応し得る体制を整えようとしたわけである。

このように、ファハドはさまざまな「改革措置」を実施に移したが、王国の経済が逼迫する中で厳しい生活を強いられ、しかも諮問評議会などへの「政治参加」には程遠い下層の大衆や中下層の宗教家、地方部族などは、相変わらず甘い汁を吸っている王族や都市の金持ちなどに対する不満を鬱積させているようだ。サッダーム・フセインによる湾岸危機・戦争は一九八〇年代初め以降の世界的な石油価格の低迷で、サウジアラビアがかつて経験したことのない国家財政の逼迫状況のもとで起きた。

サウジアラビア通貨庁（中央銀行）によると、一九八三年までは千五百億ドルもあった在外資産は一九八八年までにほとんど枯渇してしまったという。その後、一九九一年には五百二十億ドル、一九九三年に二百七十億ドルとやや持ち直したが、厳しいことに変わりなかった。このため、一九八七年以降、政府は外国との合弁銀行からの借り入れ（一九八八年の借り入れだけで五百億ドル以上）及び、国際金融機関からの借款に依存することで遣り繰りしてきた。しかし、利子支払いだけで予算の一五パーセントを費消するほどの借金であった。一九九九年の公的債務は国家収入の一二〇パーセントにも達している。

このような状況から、第四次開発五ヵ年計画（一九八五―九〇年）は総投資額を二千七百七十億ドルとし、半分を開発投資に振り向け、効率性と生産性を重視し、民間部門の活性化を打ち出した。第五次開発五ヵ年計画（一九九〇―九五年）では、人的資源開発と社会福祉充実を主な内容とし、工業、農業を重点に石油依存から非石油部門重視への経済構造の転換を強調した。

一九八九年以降、政府は歳入と歳出に関して、数字を発表しなかったためはっきりとした収支は不明であるが、たとえば一九九四年度は歳出を前年比で二〇パーセント削減して財政均衡を図ったものの、百億ドルを超える赤字を出した。その後、一九九七年度は四十五億ドル、一九九八年度は百二十二億六千万ドル、一九九九年度百十七億ドル（推定）の赤字で十七年続けての赤字を記録し、かってない厳しい経済危機にあることを示した。このため王国政府は国営航空、電信電話、電力、水、鉱山などの民営化促進、政府補助金の削減といった政策で切り抜けようとしアブドゥラー皇太子はこの政策を王国にとっての「戦略的なチョイス」であると宣言した。二〇〇〇年二月二十七日、日本のアラビア石油がサウジアラビア・カフジの旧中立地帯で自主開発した油田の採掘権が満期となるため、更新をめぐって王国側と日本政府・アラ石との交渉が行われたが、王国側が最後まで、更新延長の条件に産業鉄道建設（二十億ドル）をあくまでも要求したため決裂したのも、王国の深刻な経済危機を背景としていた。この結果、王国はもともとサウジアラビア所有になる油田を接収し国有化した。

さて湾岸戦争で王国は五百五十億ドルの戦費を負担し、そのつけは中下層国民の肩にさらに重くのしかかった。王国の国民所得は事実上半減したばかりか、人口増加圧力（年率三パーセント強）が急上昇したのに対し、実質国内総生産（ＧＤＰ）の伸びは下落を続けた。石油価格が高騰していた一九八〇年の一人当たりGDPは一万六千七百ドルだったが、一九九七年には七千ドルへ下がり、一九九八年は六千三百ドルへ下がった。実質GDPは一九九〇年の一〇・八パーセントから、一九九一年九・八パーセント、一九九二年五・〇パーセント、一九九三年一・〇パーセント、一九九四年〇・六パーセントと下降線をたどり、その後一九九七年に四パーセントに戻したが、一九九八年にはマイナス一〇・八パーセントへと急下降した。しかし一九九九年八パーセントに戻し、二〇〇〇年も八パーセントが見込まれ、やや回復基調が見られるようになった。

第六次開発五ヵ年計画（一九九五―二〇〇〇年）でも、政府は公共支出を削減し、石油依存の経済構造を改め、民間部門の促進を重点に、歳入と歳出の均衡を図ることを目指し、二〇〇〇年まで政府補助金を削減することにした（既に一九九五年初め、ガス、電気、水道、電話など日常生活に密接にかかわった補助金を削減し事実上値上げしている。一九九九年アブドゥラー皇太子は電気とガソリンへの補助金をカットした）。しかし、目標実現にはほど遠かった。一九九九年八月、サウジアラビアは世界貿易機関（WTO）加盟を狙い経済改革のための「最高経済会議」を設立した。次いで同年十二月初め、第七次開発五ヵ年計画（二〇〇〇―二〇〇五年）を発表し、ここでも経済の多様化を継続し、民間部門の役割を拡大することによって規制を緩和、民営化をさらに進め、労働力のサウジアラビア化を促進することなどを強調した。

サウジアラビアでは都市居住人口が全国民の七五パーセントを占めているが、物価高の直撃を受けたのはこれら都市住民だった。王国はインフレ率を発表しないため生計費で見ると、一九九〇年代後半には二〇〇から三〇〇パーセントの上昇となったと見られる。このため経済犯罪ばかりか、麻薬、飲酒、性に関わる犯罪は急増し、斬首刑は過去最高となった。一九九三年には記録的な五十九人が、一九九四年にも五十九人、一九九五年には約百人が処刑された。

アメリカ政府がインターネットで公表している資料によると、王国の今日の総人口は二千百五十万四千人（一九九九年七月推計）である。王国政府は過去、人口調査を三回行ったが、調査方法や統計自体に問題があり、あまり信憑性があるとは言えない。一九六二―六三年に最初の人口調査を実施したが、結果は発表されなかった。第二回目は一九七四年に行われ、この時の総人口は七百一万三千人であった。一九九二年末発表された第三回調査結果では総人口は千六百九十万人で、このうちサウジアラビア人は千二百三十万人、外国籍居住者四百六十万人であった。

王国政府は国連やその他の国際機関に推計人口を報告しているものの、ほとんど水増し数字であると見なされ

外国人出稼ぎ労働者
（1970–79年）

年	年流入数	累計数
1970	17, 054	17, 054
1971	40, 279	57, 333
1972	27, 596	84, 929
1973	46, 121	131, 050
1974	34, 973	166, 023
1975	165, 759	331, 782
1976	260, 086	591, 868
1977	336, 244	928, 112
1978	87, 182	1, 015, 294
1979	459, 825	1, 475, 119

ている。その理由としては、①王国総人口のうちベドウィーン（遊牧民）が約一〇パーセントを構成していること、②多くの国民は調査に対して自らと家族の成り立ちについて答えるのを嫌う傾向にあること、③政府自体が人口の増大している隣国（イエメンやイラク）を警戒し、人口を意図的に水増しすること——などのためである。しかし、アメリカ政府資料によると、王国の人口成長率は三・三九パーセント（一九九九年推計）と世界最高水準で、二〇二〇年ごろには四千万人近くになると見られている。王国支配者の心配をよそに、別の問題がのしかかりつつあるわけだ。

サウジアラビアの学生数
(1953–85 年)

1953 年	33, 000	全レベル
1960	113, 176	全レベル
1970/71	512, 071	全レベル
1973/74	698, 519	全レベル
1975/76	1, 057, 994	全レベル
	889, 803	小・中・高校
1979/80	1, 452, 856	全レベル
	1, 201, 038	小・中・高校
1980/81	1, 528, 431	全レベル
	1, 287, 183	小・中・高校
1982/83	1, 600, 000	小・中校
1984	2, 100, 000	全レベル
1985	2, 200, 000	全レベル

しかもサウジアラビアは〇歳から十四歳までの人口が全人口の四三パーセントを占める非常に若い国であり、世界銀行によると、青年男子の労働年齢人口は二〇〇〇年で百三十万人、二〇一〇年で百五十万人と推定された。そうした中で、毎年二万人前後の大卒者に職がなく、深刻な問題をもたらしており、一九九九年の失業率は三〇パーセント近くの高率となった。イスラーム系大学卒業者で失業している青年は十五万人以上にも達し、こうした青年たちは救いを

イスラームに求める結果を生み出している。アブドゥルアジーズ国王大学ガージ・オベイド・マダーニ学長が言明したところによると、サウジアラビアの労働力人口は一九九四年の七百三十万人から一九九九年には九百二十万人に増えたが、この労働力人口に占める失業率は一九九三年の約一二パーセントから一九九九年の二七パーセントに増加したという。サウジアラビアの経済成長率は一九九九年は年一パーセント、二〇〇〇年は二パーセントに達すると見込まれたが、青年に仕事を与え労働力人口に加えるためには年六パーセントの成長が必要とされた。

このように、大卒者に失業者が増えている現実がある一方で、サウジアラビアは依然として外国人労働者（アラブ、アジア諸国を中心にした出稼ぎ労働者）に依存している。ファイサル第三代国王時代以降、目覚ましい国の近代化に乗り出したが、この近代化路線を進めるに当たって王国は外国の技術や労働力に依存せざるを得なかった。「ラクダからコンピューターへ」ほとんどゼロから近代化を進める際に、事実上、サウジアラビア人の技術者や労働者が存在し

高等教育・学生数（1967–1980年）

	1967年	1970	1973	1976	1980
男子	4654	7801	12936	25019	38826
女子	194	691	1946	7118	16079
合計	4848	8492	14882	32137	54905

高等教育・全卒業生（1967–1980年）

	1967年	1970	1973	1976	1980
男子	523	806	1839	2044	不明
女子	5	27	157	179	不明
合計	528	833	1996	2223	5527

出所：高等教育省

なかったためで、勢い実際の仕事を外国人出稼ぎ労働者に頼まなければならなかったのだ。たとえば第二次五ヵ年計画最終年の一九七五年、これら出稼ぎ労働者の数は約三十三万人だったが、一九八〇年には二百十万人にも達した。全人口の半分が十四歳以下であり、その上残りの半数が宗教上の理由から就労を禁止された婦人であったため、サウジアラビア人労働者は約百万人、全人口のわずか二二パーセントにしか過ぎなかったといわれた。

こうして、サウジアラビア政府は第三次、第四次五ヵ年計画において、人的資源の開発を強調し、将来を担う青年の教育に重点を置いた。全学生数の推移を見ると、一九七〇―七一年度五十一万人だった学童・学生は一九七五―七六年度には百五万八千人に、一九八〇―八一年度には百五十二万八千人に達した。高校卒業後、職業訓練学校や大学に入学した青年の数は一九七三年の約一万五千人から一九七六年には三万二千人に、一九八〇年には五万五千人に増えた。一九八五年、サウジアラビアの七つの大学と十四の女子カレッジを合計した学生数は八万人に達した。当時、労働力不足に備えるため、女子カレッジの卒業生を活用すべきだという声が一部で出たが、宗教界の反対で雇用されなかった。一九八〇―八一年度に雇用された婦人の数はわずか五万人にしか過ぎなかったし、それも女性専用の病院や学校に限られた。

一九九〇年に第五次五ヵ年計画が策定された際、計画省は第四次五ヵ年計画で非熟練外国人出稼ぎ労働者六十万人削減を掲げていながら、実際には逆に増大したことを認めた。計画省は、その時点でのサウジアラビア労働者の総数を五百七十七万人とし、うち三百八十五万人が外国人出稼ぎ労働者であることを確認、王国が依然として外国人依存を続けていることを明らかにした。

経済危機の中、実務を取り仕切ったアブドゥラー皇太子は、一九九九年これら出稼ぎ労働者のビザ手数料を倍額とし、空港出国税を新規に導入する決定を行った。一九九八年のサウジアラビア人労働者は二百五十万人、これに対し外国人労働者は四百七十万人と見られ、清掃作業、ゴミ収集、建設資材の運搬など、いわゆる「汚い手仕事」の主な担い手になっている。一九七〇年代半ば以降の「石油漬け」の中で育った人々、砂漠から出てきて都市の「うまみ」や便利さを味わってしまった遊牧民が、このような「汚い手仕事」を肩代わりする用意があるかどうか――この国の将来を占う一つの目安になるだろう（もっとも、英誌“The Economist”二〇〇〇年四月二十二日号によると、従来サウジアラビア人から「汚い手仕事」として蔑まれてきたホテル従業員やスーパーマーケットのキャッシャーに応募者が増えており、五年ほど前にはサウジアラビア人ガードマンはゼロだったが、今では外国人の方が例外となっているという）。

一方、経済危機の中においても、政府は全歳出の三分の一を占める国防費を削減しようとせず、年百億ドルから百二十億ドルを国防費に充当した。一九九八年アメリカ会計年度において、アメリカが百六十六ヵ国に総額四百億ドル分の兵器を輸出した中で、サウジアラビアは全世界のトップで四十三億ドル相当の兵器を購入した。また、一人当たりの兵士にかかる年間コストは、アメリカ人兵士が十万三千ドルであるのに対し、サウジアラビア兵士は四十七万ドルと非常に高い。

サウジアラビアは一九七四年から一九九四年までの二十年間で、兵器購入に総額二千億ドルを支出したが、実際の兵器の値段、訓練費用などは五百億ドルだったとされ、残りは最高位の王族や兵器商人のポケットに入ったと伝えられる。王族はアメリカとの兵器取引でコミッションを取り、不正・汚職で相変わらず富を蓄えることを第一と考える習慣を捨てていない。

既に私たちが知った通り、サウード家は地下にある富（石油）にせよ、その他土地にせよ何にせよ、すべて王族の所有物であるとする考え方を今なお持ち続けている。今日、サウード家の王族はアブドゥルアジーズの直系の子孫、その兄弟など四百人の王子（そのうち八十人以上の王子は第三世代の高位メンバー）を中核とする二千人、その他に傍系支族出身の七千人とされている。アブドゥルアジーズ直系の王子たちは年間十万から二十万ドルの給与を受け取り、一方その他七千人といわれる王子たちは年間五万から十万ドルを受け取っている。これらの総額は年に二十億ドル以上にも達しているが、その他に国王は年に総額十五億ドルの振る舞い金を王子たちにばら撒いているほか、王族に石油を実物で配分しているという。王子たちは配分された石油を外国の石油会社に安く売って自らの懐に入れており、その総額は年二十億ドルにのぼるといわれる。

また王族はもれなく電気、水道、電話を無料で使用し、総額は十億ドルに達する。さらに国内、国外への航空機利用に際しても、王子本人ばかりか家族の運賃も無料である。その上、王族の中でも長老とされる人々は、たとえばスルターン国防航空相などは海外での休暇旅行には日に百五十万ドルの小遣いを支給されたという。「スデイリ・セブン」の長老でもあるスルターンは王国の経済がやや持ち直した二〇〇〇年春、地方行脚に出かけ、選別された請願者たちに気前よく奨励金、車、現金をばらまき人気取りをやっている。王子ばかりでなく王女の気ままな生活も伝えられる。ある王女がニューヨークからロンドンへ移動するためにリヤードから国営航空機が送られたが、同機が小さすぎて気に入らなかったため、大型機を送り直したというエピソードもある。

そして問題なのは、サウード王家内の出生率はきわめて高く、王子たちの数はおよそ二十五年ごとに倍増、十八歳以下の王子が約七〇パーセントを占めていることだ。そのためサウード家王族を支える財政支出は国家にとって大きな重圧となり始めている。

こうして王族を中心とした社会の退廃、貧富の格差の拡大は「イスラームの道を踏み外して、アメリカに追随する政策を取った王族にある」と糾弾するイスラーム原理主義者たちをますます勢いづかせる結果をもたらしている。CDLRのマサーリ博士は「王国内の原理主義グループの数は多く、数十にも上るだろう」と指摘したくらいだ。王国統治構造の中で、サウード家と並ぶもう一方の支柱であるウラマーの中からも若い急進分子が育っており、諮問評議会メンバーにイスラーム保守派と呼ばれる人々を少数登用しただけでは「安定」をもたらすことは出来ないであろう。

さて、いかに「政治改革」を実施に移したにしても、サウジアラビア支配の最高位に就いているのは国王をはじめとするサウード家の王族であることに変わりはない。王族内の表立った権力闘争はアブドゥルアジーズ登場以前には、兄弟、従兄弟、親戚同士の間で実にめまぐるしく熾烈に展開されたが、建国以降は既に詳しく触れた通り、第二代国王サウードと異母弟ファイサルとの間で起きた深刻な争いを除いては表面上は起きていない。

しかし、二十一世紀以降、国王と皇太子の座をめぐって、王家内で新旧世代間の権力闘争が起きる可能性は十分にある。一九九二年、ファハドは後継問題について演説し、「これまでは初代国王の息子たちへ（王位が）継承されるのがしきたりで、その後は息子たちの子供たち（初代国王の孫）へ、さらに（初代国王の曾孫）へと継承される」と述べた。アブドゥルアジーズの息子たちは、たとえばファハド国王にしても、アブドゥラー皇太子にしても、スルターン国防航空相にしても既にかなりの高齢であり、いつまでも王位、皇太子位を年長順に継承させ続けていくわけには行かない。従って、二十一世紀には第二世代から第三世代への交代が必ず行われることは確かである。

一九九五年十一月末、ファハド国王が脳卒中で倒れ、緊急入院したため、一時的にアブドゥラー皇太子に実権を委譲したが、翌年二月、ファハドは正式に国王として復帰した。しかし、その後も胆嚢炎のため度々入退院を繰り返した。高齢であるファハドは従来のしきたり通り、皇太子のアブドゥラーに王座を明渡すことは間違いないと見られている。アブドゥラーは国家警備隊司令官を三十年以上も務めており、清廉潔白な民族派として知られ、ナジドの諸部族から強い支持を受けている。ファハド（国王）、スルターン（国防航空相）、ナーイフ（内相）、サルマン（リヤード州知事）らの「スデイリ・セブン」とのバランス上、アブドゥラーは第三代国王ファイサルの息子であるサウード外相などの支持を得ている。

これまでのところ、サウジアラビア専門家はファハド後の第六代国王にはアブドゥラー皇太子が就任し、皇太子にはスルターン国防航空相が就任するのは確実と見ているが、それ以降の継承についてはさまざまな推測的なシナリオが描かれている。いずれにしても、「スデイリ・セブン」と非スデイリ・グループとの権力掌握をめぐる闘争は、第三世代を引き込んで熾烈化する可能性が大きい。たとえば、スルターン国防航空相（第二世代）が国王になる場合、サウード外相（第三世代）が皇太子に就任するシナリオや、サルマン王子の国王、スルターンの息子バンダル駐アメリカ大使（第三世代）の皇太子就任などのシナリオである。やがて、第二世代の王子たちがいなくなった場合、第三世代および拡大の一途を辿る第四世代の王子たちの間で、不測の権力闘争が起きる可能性も指摘されている。

こうして、サウジアラビア王国が生き延びて行くことができるか、それは権力闘争の問題ばかりでなく、以下の諸点をいかにクリアーして行くかにかかっていると言えよう。

まず、王国の急激な人口爆発への対処である。十八歳以下の人口が全国民の半分を占める王国で、生き延びのためには何らかの人口制限を必要とする。それには、イスラームの立場から産児制限に反対する保守的なウラマーを説得し、人口の伸びが王国の政治的、社会的な安定にとって危険な影響を及ぼすことを理解させなければならないだろう。全世界の四分の一、二千六百十五億バレルという世界最大の確認埋蔵量をいかに誇ろうとも、石油資源は有限であり、あと百年生産できるぐらいの量しか残されていないからだ。

次に、湾岸戦争後の政治改革、特に王国初の諮問評議会がスタートしたが、評議会メンバーは任命制である上、資格・構成も限定されている。任命制の限界付きであるが、ナジド中心ではなく、もっと広範囲の地域や部族の代表を平等に任命する必要があろうし、宗派上の平等、すなわち人口に比例したシーア派代表を任命することが求められるだろう。また若年層が王国の中心人口であることを考えると、メンバーの年齢ももっと下げる必要があるだろう。

さらに、王国ではイスラーム教義上、男女が同席し、議論を戦わせるようなことをいっさい認めていないが、既に女性にも車の運転の権利を与えよと要求するデモが起きたように、やがては女性の政治参加にも道を開かなければならないだろう。一九九九年五月十六日、諮問評議会の総会に約二十人のベール姿の女性が初めて傍聴を許され注目された。ただし、総会場を見下ろすバルコニーから見学するだけにとどまり、議論に参加することはもちろん出来なかった。ちなみに、隣国クウェートでは九九年五月、首長が二〇〇三年の国民議会選挙から女性の選挙権と被選挙権を認める首長令を公布したが、宗教グループが反対、九九年十一月の議会で首長令を無効としている。

加えて、サウード家王族はずっと支配者として君臨し、富のパイを至極当然に私有化してきたばかりか、特権を利用し、法外なコミッションを取ることを腐敗・堕落であると考えてこなかったが、こうした王族の姿勢を正すことが王国の生き延びに結びつくだろう。政治改革を通じ、また経済危機乗り切りのための民営化促進などを通じ王国全体のオーバーホールは緒につき始めたが、特権を失うまいとする王族は「改革」に強く抵抗している。だが王族とてもイスラームと一体となった王国の一員であり、イスラーム法の遵守を求められる。かつて石油ブームに沸いた時代には、アブドゥルアジーズの直系王子の数は数千人で、彼らへの特権付与は可能であったかも知れないが、第三世代から第四世代へと増え続ける約一万五千人の王子、王女たちに、同じような特権を与え続けることは王国を滅ぼすことにつながる。

また、国家予算の配分に関しても、諮問評議会のメンバーにより大きな権限を持たせ、王族中心の予算編成をチェックさせる必要がある。評議会の議論そのものを公開し、メディアで広く報道させる自由を与えるべきであろう。これまでの王国では、サウード家の国王をトップに、主要閣僚をサウード家長老王子で独占する超中央集権化王制を当たり前としてきたし、決定に関しては秘密を保ち閉鎖的であったからだ。このような超中央集権化体制、閉鎖主義を続けて行くことは、イスラーム原理主義者ばかりでなく、世俗主義的リベラリスト、全労働力人口の約八パーセントを占めるようになった官僚、テクノクラートを反体制の立場に追いやってしまう可能性に結びつく。

一九七〇年代半ばから一九八〇年代にかけてのように、地下に眠る石油を生産し輸出すれば収入が転がり込んだ「石油漬け」の時代は既に過去のものとなってしまったのだ。しかし王族ばかりでなく支配エリートの間に、今なお「石油漬け」の妄想がこびりつき、労せずして「あぶく銭」が手に入ると考える「石油で病んで」しまった人々が少なからず存在する。こうした人々の影響はメンタリティーの面で一般若年層にも及んでいるのも確かだ。労働し賃金を得ることが常態なのだという風に意識改革を早急に行う必要がある。既に一九八〇年代半ばに始まった経済危機以降、王国では石油依存を脱し、経済の多様化、民間部門の活性化、外国人労働者依存からの脱却など、すべての面での「サウジアラビア化」を進め危機打開を目指してきたが、生き延びのためには一層の徹底を図る必要があるだろう。

　経済危機の結果、働きたくても仕事を見つけられず、失業に甘んじている大学卒業生がいることも事実であるが、教育を受けることの多くなった若年層が仕事に就かず、ぶらぶらしている状況が続けば、やる気のなさ、不満が社会的疎外感となって鬱積し、イスラーム過激派の入り込む隙を与えることは必至である。

　一九九八年の国家収入約三百十三億ドルのうち、王族給与が百億ドルから百五十億ドル、国防費に百億ドルという予算配分（アメリカ・エネルギー庁推測）が示したように、国王をトップとする支配者は王族第一の予算編成、不釣り合いな国防重視予算（アメリカ製兵器の大量購入予算でもある）、アメリカの都合に合わせた石油政策を改める努力を行わなければ、やがて、この「砂上の楼閣」ならぬ「石油に乗っかった王国」に不測の事態を招き入れることは間違いないだろう。

　イスラームの聖なる祖国にアメリカ軍人が常駐し、しかもスルターン国防航空相などが、これらアメリカ人の永続的駐留を強く希望したことに対し、あのウサマ・ビン・ラディンはアメリカ人への聖戦宣言を引っ込めるどころか、いよいよ「聖なる祖国に居座る異教徒の侵略者と戦うため」牙を研いでいるようだ。二〇〇〇年五月末の時点で、ウサマはなおアフガニスタンに潜伏していると見られるが、必死で行方を追求しているアメリカのＣＩＡやＦＢＩもお手上げの状況に置かれている。

それどころか、一九九九年十二月末、ウサマの命令を受けたテロ・グループが新一千年期（ミレニアム）を前にヨルダン内の聖書遺跡を訪れるアメリカ人とイスラエル人観光客を目標に爆弾攻撃を計画していたことが発覚した。未遂に終わったが、このヨルダン作戦を指揮したのはウサマの信頼する部下アブー・ズバイダとされ、ヨルダン当局が計画を嗅ぎつけグループの十三人を逮捕したものの、指揮官はアフガニスタンに逃走した。

二〇〇〇年五月一日、アメリカ国務省は「世界テロリズム活動報告」一九九九年版を発表し、会見に臨んだオルブライト国務長官は「テロリズムの中心は中東から南アジア、特にアフガニスタンに移動している」と述べ、ウサマに対する警戒を強めていることを明らかにした。さらにシーハン国務省テロ対策調整官も「タリバンがウサマを保護している限り、タリバンとの関係改善は難しい」と言明し、タリバンの支配地域にウサマが潜伏していることを裏付けた。これより先、二〇〇〇年三月三日、タリバン外務省は「われわれは無実の市民に対するテロを支持しないが、聖戦を支持する」との声明を発表し、アメリカが求めているウサマの引き渡しを重ねて拒否している。

新一千年期に入った今、ウサマに代表されるイスラーム原理主義者は異教徒、不信心者、背教者、とりわけ異教徒の侵略者に対するテロ作戦（聖戦という大義名分を装うとも）を真剣に考え、実行に移そうとしている。サウード家がいかにイスラームにのっとった支配の正統性を主張しようとも、イスラーム信徒民衆の生活を蔑《ないがし》ろにし続ける一方で、今後も唯一の超大国アメリカに国家の安全保障を依存し、アメリカべったりの石油政策を展開して行くことになれば、ウサマらの「イスラーム・ネットワーク」に引っ掛けられ、不測の重大事態さえ招きかねないのである。二十一世紀もしばらくの間、サウジアラビア王国は、石油とイスラームの間で揺れ続けることになるだろう。それが、この特異な性格を帯びた王国の宿命であるのかも知れない。

おわりに

著者は一九八八年夏、『メッカとリヤド』という小著（講談社現代新書）を出版したが、当時はイランのイスラーム革命と続くイラン・イラク戦争の余波を受け、サウジアラビアなどガルフ周辺の王制・首長制産油諸国が揺さぶられていた時期であった。イラクは巨大な軍事力を投入、脆弱な国防力しか持たなかったこれら産油諸国の防波堤役たらんとして、イランに先制攻撃を加え戦争を開始したのであった。小著の出版はちょうど、八年間続いた戦争がようやく停戦を迎えた時期だった。当時も日本のエネルギー源は相変わらず石油であり、九九パーセントを輸入に頼り、しかもその約七〇パーセントを中東に依存していた事情から、産油国同士がだらだらと続けた戦争の帰趨に大きな関心を寄せた。

中でも日本は周辺の産油大国サウジアラビアに原油供給の約二〇パーセントを依存していたため、王国がどうなるのか、供給源として安定しているのかなどに、ぴりぴりと神経をとがらせてきた。それ以前にも、石油ショック到来の際には、官民ともども、この王国に油乞いしたことがあった。ただし、石油の供給過剰（オイル・グラット）の時代になり、石油の値段も安くなると、この王国に対する関心を薄めてしまう傾向にあった。深刻なエネルギー危機の際には産油国のこと、その国情について慌てて知ろうとするが、危機が遠のいてしまうと、無関心状況に陥ってしまう癖が日本人にはどうやらあった。そこで、当時「二十一世紀を睨んで生きる日本人にとって、今もって十分知られていないサウジアラビアという国の成り立ち、その国情を知っておくことはぜひとも必要なのである」という認識から、小著執筆を考えたのだった。すなわち、知られざる産油大国の実状を歴史的、構造的に紹介する傍ら、近代化の過程で石油の富に群がり、さまざまな腐敗・汚職をこととするサウード家王族の実態を明らかにしようと試みた。

そうした試みの中で、これらの王族たちが聖地メッカとメディーナを擁するイスラームの国にあって、表向きには敬虔なムスリムを装いながらも、本音の部分ではイスラームを蔑ろにする実態も明らかとなった。イスラーム原理主義者と呼ばれた人々が攻撃したのはこれら王族の思考・行動様式であった。

それから三年ほど経った一九九〇年夏、イラクの独裁者サッダーム・フセインの軍隊が隣国クウェートを侵攻し湾岸危機をもたらし、翌年には湾岸戦争の勃発となった。この危機・戦争は全世界に大きな衝撃を与えたが、何よりもイラクと隣接するサウジアラビアはサッダームの最終的な標的が王国に向けられているのではないかと恐れ、一九八九年末の東西冷戦終結で唯一の超大国となっていたアメリカに王国の安全・保護を全面的に依存した。しかし、王国内へ異教徒アメリカ人を招き入れた結果、イスラーム原理主義者を激高させたばかりでなく、サウード家王族ができるだけ先送りしたかった「民主主義的措置」をしぶしぶながら導入せざるを得ないという結果を生みだした。この「民主主義の実験」はようやく始まったばかりだが、多分に表面的、建前的な措置であることは否めず、本音の部分では相変わらず、旧態依然と言ってよく、王家を中心とする支配が続けられている。

文春新書では、王国の歴史を社会・政治構造を中心に振り返り、湾岸危機・戦争を経て王国がどのように変貌を遂げたのか、その実態をえぐり出そうと試みた。今回、王国成立に至る流血の権力闘争を取り上げたのは、その過程でイスラームを錦の御旗に掲げながらも、実際には部族のしがらみや戦利品の多寡によって離合集散を繰り返してきた実態を明らかに出来ると考えたからである。石油の発見後、わずか六十年ほどで超近代化を達成した王国であるが、現代サウジアラビア王国も支配体制のどこかにこの独特と言って良い部族的思考・行動様式を伴っているように思う。支配者であるサウード家が富の分配の大部分に預かるのは当然であり、また他の部族（国）よりもより強力な武力（軍事力）を保有することが生き延びにとって必要不可欠であるとの考え方である。

新著執筆に当たっては、内外で刊行された最新文献のほか、初めてインターネットを参照・

利用させてもらったが、関連文献の著者、ウェッブ・サイトの関係者に心から御礼を申し上げたい。また、企画の段階でお世話になった文藝春秋の白川浩司さん、笹本弘一さん、実際の編集の労を取っていただいた宇田川眞さんには深い感謝の気持ちを捧げたい。最後に、私事にかかわることだが、昨年夏逝去した母登久子の墓前に本書を捧げ、冥福を祈りたい。

二〇〇〇年五月

立山連峰をのぞむ富山の自宅で　岡倉徹志

主要参考文献

●『砂漠の豹イブン・サウド』ジャック・ブノアメシャン著　河野鶴代、牟田口義郎訳　筑摩書房　1962年
●『サウディアラビア王国』サウジアラビア王国情報省外国情報局　1987年
●『王国のサバイバル―アラビア半島三〇〇年の歴史』小串敏郎著　日本国際問題研究所　1996年
●『サウジ・アラビア王朝史』ジョン・フィルビー著　岩永博、冨塚俊夫訳　法政大学出版局　1997年
●『サウジアラビア―岐路に立つイスラームの盟主』小山茂樹著　中央公論社　1994年
●『メッカとリヤド』岡倉徹志著　講談社　1988年
●『イスラム事典』日本イスラム協会・監修　平凡社　1982年
●『イスラーム辞典』黒田壽郎編　東京堂出版　1983年
●『アラブの歴史（上）（下）』P・K・ヒッティ著　岩永博訳　講談社　1982年
●『砂の王国サウジアラビア』ヘレン・ラックナー著　岸田聰訳　ダイヤモンド社　1981年
●*The House of Saud* by D. Holden & R. Johns, Sidgwick & Jackson 1981

●*The Kingdom* by Robert Lacey, Fontana/Collins 1981
●*State, Society and Economy in Saudi Arabia*, edited by Tim Niblock, Croom Helm 1982
●*Saudi Arabia in the Oil Era* by Mordechai Abir, Croom Helm 1988
●*Saudi Arabia: The Ceaseless Quest for Security* by Nadav Safran, The Belknap Press of Harvard University Press 1985
●*Saudi Arabia: The Coming Storm* by P. W. Wilson & D. F. Graham, M. E. Sharpe 1994
●*The Future of Islam in the Middle East* by Mahmud A. Faksh , Praeger 1997
●*Saudi Arabia: Government, Society and the Gulf Crisis* by Mordechai Abir, Routledge 1993
●*Historical Dictionary of Saudi Arabia* by J. E. Peterson, The Scarecrow Press 1993
●*Saudi Arabia: Guarding the Desert Kingdom* by A. H. Cordesman, Westview Press 1997
●*The Kingdom of Saudi Arabia* by D. E. Long, University Press of Florida 1997
●*The Saudi File: People, Power, Politics* by Anders Jerichow, Curzon 1998
●*The Rise, Corruption and Coming Fall of The House of Saud* by Said K. Aburish, Bloomsbury 1994
●*The Oxford Encyclopedia of the Modern Islamic World* Vol. 1-4 edited by J. L. Esposito, Oxford University Press 1995
●*Saudi Arabia's Consultative Council* by R. H. Dekmejian, Middle East Journal Vol. 52 No. 2 Spring 1998

●http://www.miraserve.com/arabia/Movement for Islamic Reform in Arabia
●http://www.odci.gov/cia/publications/factbook/sa.html#econ
●http://www.meiji.or.jp/home/

岡倉徹志（おかくら　てつし）
1937年、東京生まれ。早稲田大学第一文学部卒業。毎日新聞社カイロ支局長、外信部副部長、編集委員を経て1991年より富山国際大学教授。専攻は中東、イスラーム世界の現代政治、国際関係。著書に『パレスチナ・アラブ』『イスラム急進派』『ザ・ガルフ』『メッカとリヤド』『イスラム世界のこれが常識』等。

文春新書

107

サウジアラビア現代史《げんだいし》

平成12年6月20日　第1刷発行

著　者　　岡倉徹志
発行者　　東　眞史
発行所　株式会社　文藝春秋

〒102-8008　東京都千代田区紀尾井町3-23
電話（03）3265-1211（代表）

印刷所　　理想社
付物印刷　大日本印刷
製本所　　大口製本

定価はカバーに表示してあります。
万一、落丁・乱丁の場合は送料小社負担でお取替え致します。

ISBN4-16-660107-5